대한민국 김치명인 6인의
김치소믈리에 대백과 Kimchi Sommelier

김치의 세계

(주)지구문화
JIGU CULTURE Co.Ltd

머리말

한국인들에게 가장 사랑받는 음식하면 단연 '김치'일 것입니다. 고향 어머니의 손길처럼 따뜻함이 묻어있고 조상들의 전통과 가장 한국적인 맛깔스러움. 이 우리 음식 김치가 최근 들어 영양학 · 식품학적 가치가 입증되기 시작하면서 국내외 많은 영양학자들에게 '미래의 식품'으로 손꼽히며 미국, 일본 등 선진국에서 뿐만 아니라 전 세계인들이 즐겨먹는 음식이 되었습니다. 이제는 세계 곳곳 어디서나 한국인이 사는 곳이라면 김치가 있게 마련이고 쉽게 구할 수 있는 만인의 음식이 되었습니다.

또한 세계가 인정하는 웰빙식품으로, 미국의 건강전문지 '헬스'는 세계 5대 건강식품 중 하나로 김치를 선정했는데, 이는 비타민(B_1, B_2, C) 미네랄(칼슘 칼륨) 등이 풍부하게 함유되어 소화를 도우며 암 예방에 유익하다는 것입니다. 이처럼 매년 김치의 인기와 소비량이 늘어가는 것은 김치의 성분이 과학적으로 밝혀지고 고칼로리 식사보다는 균형잡힌 식사가 건강을 위해 필수적이라는 인식이 확산되면서 육류보다 채소섭취량을 증가시키는 계기가 되었다고 하겠습니다.

이처럼 영양학적인 가치와 독특한 맛이 인정받기 시작하면서 점차 세계의 인기 음식으로 뻗어나가고 있으며, 김장김치 담그기 행사 또한 가족, 친척, 이웃과 옹기종기 모여 품앗이하는 미덕으로 화목의 계기가 된 김장문화가 세계유네스코에 등재되었습니다.

이 책은 한 평생 김치를 위한 연구와 삶을 살아온 (사)세계음식문화연구원과 (사)한국푸드코디네터협회 소속 김치 명인들이 217가지의 한국전통 향토김치를 총망라 집대성하여 우리 고유의 식감과 맛을 지니면서도 현대화된 환경에서 김치의 저장, 담기로 가장 한국적인 김치를 생산하고자 하는 끊임없는 노력의 산물로 탄생하게 되었습니다.

비록 제한된 지면으로 김치의 식감, 풍미를 레시피와 이미지만으로 김치 본맛과 본질들을 아주 깊게 표현하는 데는 한계가 있었지만 모든 김치를 총망라하였으므로 이 책을 통해 누구나 쉽게 참고하여 다양한 김치를 담글 수 있도록 하였습니다. 아울러 최근 김지 소믈리에 자격시험에도 대비할 수 있는 김치의 사전적 역할을 기대합니다.

모쪼록 김치명인들이 한 평생 쌓아온 많은 노하우가 전세계 지구인들의 식탁과 김치산입현장 곳곳에서 응용될 수 있도록 앞으로도 많은 관련 활동을 할 것입니다.

그동안 이 책의 출간을 위해 아낌없는 후원과 격려를 해주신 많은 동료 김치명인 분들과 (주)지구문화의 촬영, 편집디자이너 임직원분들께 감사의 마음을 전합니다.

기해년 새봄에

양향자, 한임자, 김미혜, 전윤자, 지영스님, 김갑례

차례

제 3 부 그밖의 김치 담그기

1. 최근 개발 중의 김치

2. KIMCHI SOMMELIER / 225

제 1 부 김치재료 준비하기

1. 김치 서론
2. 식재료
3. 풀국, 젓갈, 절이기

제1장 김치 서론

1. 김치의 기원

김치류는 3000년 전의 중국 문헌 '시경(詩經, 기원전 10~7세기경)'에 오이를 이용한 채소절임을 뜻하는 것으로 추정되는 '저(菹, 김치 저)'라는 이름으로 나타나기 시작했다. 이것은 채소를 절임한 음식 중 인류 역사상 현존하는 최고(最古)의 기록으로, "밭 안에 오이가 있으니 이것을 벗겨 저채를 만들어 조상(祖)께 바친다(獻)." 라며 절임한 채소를 언급했다. 이 기록 때문에 일부에서는 한국의 김치가 중국에서 비롯되었다는 주장이 있었으나, 중국의 저는 채소 절임 그 자체를 말하는 것이고 김치는 절임 뿐만 아니라 여러 가지 방법으로 다른 식재료를 버무려 담가 발효까지 시키는 별개의 음식이므로 기원이 다르다는 주장이 높은 신뢰성을 지닌다.

우리나라에는 삼국시대에 나타나 통일신라시대, 고려시대를 거치면서 제조방법이 발전되어 이어져 왔다. 주로 무를 주 원료로 하는 동치미, 장아찌, 짠지가 주를 이루었으나 오늘날과 같은 방식으로 만들어진 김치류는 조선시대 중기 이후 배추와 고추가 국내로 전래되면서 보급되었을 것으로 생각되고 있다. 겨울철에 채소를 먹기 위해 독에 넣고 땅 속에 묻어 저장하는 풍습에서 유래되었으며 초기 형태는 삼국시대로부터 먹던 하얀 백김치로부터 오늘날에는 흔하지만 당시에는 귀했던 재료들도 존재했기에 민가에서는 다양한 재료를 넣지는 못하고 대체로 소금에 절여 먹는 정도였다.

김치류에 대한 최초의 국내 기록은 중국 『삼국지』「위지동이전」의 고구려조에 있다. "고구려에는 발효식품을 만들어 먹는 풍습이 있었다." 라는 기록과 "고구려인들은 술 빚기, 장담그기, 젓갈 등의 발효음식을 매우 잘한다"고 서술된 기록이 전해 내려오고 있어 이미 이 시기로부터 저장발효식품이 생활 속에 자리잡았음을 알 수 있다. 「정창원 고문서(正倉院古文書)」에는 수수보리저(須須保里菹)라고 불리는 현재의 김치와 유사한 것을 만들어 일본으로 보냈다는 기록이 남아 있다.

또한『삼국사기』「신문왕 본기」에도 신문왕이 683년, 왕비를 맞이하면서 내린 폐백 품목 가운데 간장, 된장, 젓갈류가 들어 있어 발효식품이 널리 퍼져 있음이 기록되어 있다.

현재 한국인들이 가장 많이 섭취하고 있는 붉은 김치의 형태는 고추가 포르투갈 상인들에 의해 동아시아 지역으로 전파되고 난 후부터로, 17세기 초까지는 고추가 들어간 김치 형태가 발견되지 않았다. 기근 때문에 소금을 만들기 위한 재료 중 하나인 땔감이 바닥나자, 소금 대신 고춧가루 혹은 젓갈(전라도 지역)을 넣어 김치를 만드는 방법이 개발되었다.

젓갈이 들어간 김치는 젓갈에 함유된 아미노산 성분 때문에 소금을 넣어서 한 김치에 비해 감칠맛이 더 깊이 났고, 이 때문에 이 이후로 소금 이외의 다른 부재료를 첨가하여 만드는 김치들이 지역별로 개발되었다. 과거에는 무김치가 일반적인 김치의 형태로 여겨졌으나, 현대에 이르러서는 보편적으로 배추를 이용한 통김치가 일반적인 형태로 여겨지고 있다.

2. 김치의 지역별 차이

김치는 채소에 소금, 젓갈 등의 재료를 넣어 함께 버무리는 김장을 통해 겨울 초입에 제조되며, 과거에는 김장독을 이용하여 땅에 파묻어 숙성시켰으나 현대에 이르러서는 이러한 원리를 따라 제작된 김치냉장고를 이용하는 경우가 많다.

같은 방법으로 제작된 김치라고 하더라도 어떤 사람이 만드는가와 지역별로 그 차이가 크므로 김치에 '손맛'이 존재한다는 이야기도 나오고 있다. 익은 정도에 따라서도 그 좋고 싫음이 크게 갈리기 때문에 익숙한 김치를 가장 선호한다는 것이 김치의 세계화에 있어 단점이라면 단점이라고 할 수 있을 것이다.

주로 남부 지방의 김치는 젓갈을 많이 사용하는 경우가 많은데, 이는 북쪽으로 올라갈수록 기온이 낮아서 음식이 더 잘 보관되고 쉬이 상하지 않으므로 소금의 사용량이 달라서 나타나는 특성이라고 할 수 있다. 바다를 인접하고 있는 지역에서는 김치를 담글 때 젓갈 이외에도 꽃게, 전복, 굴 등의 해산물을 함께 넣어 담그기도 한다. 전라도 지방의 김치는 양념과 부재료가 모두 풍부하게 들어가는 편이며, 경상도 지방의 김치는 양념에 초점을 맞추어 담고 있다고 한다. 두 지역 모두 갈치젓이나 멸치액젓을 이용하여 김치를 담그는 특성이 있다.

충청도식 김치는 남부 지방의 김치에 비하여 양념이 많지 않아 '삼삼하다'는 표현을 듣는 경우가 많으며, 다른 음식과의 조화를 우선 시하여 맛보다는 아삭한 식감을 더 살리는 편이다.

충청도보다 더 위쪽에 위치한 경기도와 황해도에서는 새우젓 등의 젓갈을 이용하여 김치를 담그며 감칠맛보다는 젓갈에 의한 김치 맛의 청량감을 높이는 데 중점을 두고 있다.

강원도 지역의 김치는 높은 산지가 많아 기후가 서늘한 만큼 충청도 지역의 김치보다 더 싱거운 맛을 가지고 있으며 제주도 지방의 경우에는 그 재료를 구하기가 힘들고 김치를 담그더라도 보관하기 여의치 않아 비교적 현대에 들어서야 김장을 하는 추세이다.

3. 김치의 영양

김치는 한국의 대표적인 발효식품으로써, 특히 생식 비중이 높아 유산균을 음식으로 섭취할 수 있는 가장 좋은 수단이라고 할 수 있다. 김치를 적당량 섭취하면 소화 증진, 피부 질환 억제, 성인병 예방, 콜레스테롤 감소 등의 다양한 효과를 얻을 수 있는데 이는 김치 발효 과정에서 생성되는 유산균 때문이라고 할 수 있다.

이 때문에 현대에 와서는 김치 유산균을 따로 분리하여 유산균 제품으로 판매하는 다양한 업체들도 존재한다.

김치의 유산균은 타 유제품에서 검출되는 것에 비해 그 생존력이 매우 강하다. 김치 자체가 다양한 조미료로 만들어진 것이기 때문에 그러한 환경 속에서도 살아남을 수 있으므로 위에 부담을 주지 않는 섭취량이라면 장 기능 개선에 만족할 만한 효과가 있는 것으로 알려져 있다.

김치는 비타민 A, B, C를 비롯한 다양한 아미노산을 함유하고 있으며, 특히 김치를 담글 때 같이 들어가는 마늘로 인해 비타민 B의 흡수율이 증가됨으로써 체내 비타민 섭취효율이 좋다. 또 김치는 다양한 발효식품 중에서도 채소를 이용한 발효 식품으로써 채소 자체의 식이섬유 및 낮은 칼로리 덕분에 심장 질환이나 당뇨병 등 성인병 예방에도 도움을 준다.

또한, 김치의 부재료를 대표하는 고춧가루는 그 자체로 비타민 A 및 C의 함유량이 많으며 폴리페놀과 플라보노이드가 다량 존재함으로써 항산화력이 높은 것으로 알려져 있다. 특히 고춧가루의 대표 성분인 캡사이신은 스트레스 해소, 체중 감소 등의 효능이 있다.

표 1-1 김치의 영양 주성분표

번호	영양성분 코드	영양성분	함량(100g당)	단위	구축년도
1	10100	열량	25.00	Kcal	2011년
2	10200	수분	92.80	g	
3	10300	단백질	1.40	g	
4	10400	지방	0.20	g	
5	10500	탄수화물	4.40	g	
6	10600	총 식이섬유	N/A	g	
7	20100	칼슘	64.00	mg	
8	20200	인	39.00	mg	
9	20400	나트륨	232.00	mg	
10	20500	칼륨	196.00	mg	
11	30100	비타민A	47.00	RE	
12	30300	리보플라빈	0.06	mg	
13	30500	비타민C	7.00	mg	
14	50200	류신	112.00	mg	
15	60102	베타-카로틴	281.00	ug	

*출처: 농촌진흥청 식품성분표 DB

제2장
식 재 료

1. 채소류

1. 배추

김장용 배추는 대략 11월에 수확한다. 이는 겨울 동안 김장, 저장용 배추로 많이 이용되고 있기 때문이다. 가을에 나는 배추는 2개월 단기간에 출하되며 다른 계절 배추보다 더 오래 저장할 수 있다는 장점이 있지만 여름에 나는 배추는 가을 배추보다 수분이 많아 오래가지 못한다. 봄배추는 조직이 연하고 고소한 맛이 적다.

배추는 품종에 따라 그 차이가 있으나 중간 크기(2.5kg ~ 3kg) 정도의 배추로 속이 연한 백색으로 겉잎은 파랗게 된 것이 고소하고 단맛이 난다. 속이 너무 꽉 찬 것보다는 80% 정도만 결구(잎 끝이 속으로 단단히 모아져서 된 것)된 것을 고르는 것이 좋다.

배추는 우리나라에서 가장 많이 사용되는 채소로 수분함량 뿐만 아니라 칼슘과 비타민C 함량이 높은 채소이다. 또한 배추를 이용하여 요리를 할 때 국을 끓이거나 김치를 담갔을 때 다른 채소에 비해 영양소 손실이 적다는 이점도 있다.

2. 부추

부추는 여러 요리의 부재료로 많이 사용되는데 특히나 부추는 김치가 빠르게 시어지지 않도록 돕는 역할을 한다. 주로 잎이 싱싱하고 길이가 짧으면서 굵고 엽폭이 넓은 것을 고르는 것이 좋으며 특유의 향과 매운맛이 다른 재료와 어우러져 맛의 깊이를 더해 준다.

3. 미나리

미나리는 특유의 향으로 식욕을 돋아 풍부한 맛을 자아낸다. 미나리는 주로 김장철에 소비가 가장 많은데 미나리를 고를 때에는 줄기가 매끄럽고 연갈색의 착색이 들지 않은 것으로 선택해야 한다. 미나리는 습지에서 자라므로 거머리가 붙어 있는 경우가 있다. 이에 조리 전 녹수저와 함께 담가 두거나 식촛물에 담가 두면 된다. 또한 보관 시에 뿌리 밑을 젖은 종이로 싼 후, 랩으로 밀봉해 냉장고에 넣어두면 오래 보관할 수 있다.

미나리는 몸의 열과 갈증을 해소하며 섬유소가 많아 배설을 돕고 간기능을 좋게 해주는 역할을 한다.

4. 달래

달래는 10월에서 이듬해 6월까지의 서산달래가 가장 좋으며 뿌리가 너무 크지 않고 알뿌리는 굵고 둥글둥글하며 윤기가 나고 매끄러운 것이 좋은 달래이다. 달래는 고유의 향과 맛이 있으며 알뿌리가 큰 것일수록 매운맛이 강하다.

5. 돌나물

돌나물은 돌나물과에 속하는 것으로 '돈나물' 또는 '돈나물'이라고도 말한다. 산림경제의 산야채품부에 "석채"라 하여 수록돼 있을 정도로 옛부터 식용한 역사가 오래된 재료이다. 돌나물은 전국에서 재배되는데 주로 잎이 짧고 통통한 것을 선택하는 것이 좋으며 4월부터 7월이 가장 좋고, 7월 이후에는 상품가치가 떨어진다. 돌나물은 새콤한 신맛이 있어 식욕을 촉진시키는 역할을 한다.

6. 고춧잎

고춧잎은 비타민 함량이 매우 풍부한 재료이다. 보관 시에는 반드시 삶은 후 말려서 보관해야 오래 보관할 수 있다. 고춧잎은 고를 때는 꽃과 고추가 많이 혼합되지 않고 잎이 작으며 줄기가 연하고 가는 것을 선택하는 것이 좋다.

7. 깻잎

깻잎에는 크게 두 가지 종류가 있는데 잎을 이용하는 것과 열매를 이용하는 것이 있다. 잎을 이용하는 것은 부드럽고 연하나 열매만 먹는 것에 비해 향이 적고, 열매만 먹는 것은 이 열매가 익으면 들깨가 된다. 깻잎은 반점이 없고 중간 크기에 옅은 녹색을 띤 것을 고르면 좋고, 잎이 크면 질기고 맛이 없다. 보통 한 묶음당 12장씩 묶어서 판매되므로 필요한 장 수를 계산해서 구입하도록 한다.

8. 양파

양파는 적양파와 백양파 두 가지로 구분되며 밭에서 나는 양파가 저장하기에 바람직하다. 양파는 색이 달라도 맛과 효능이 비슷하다. 머리 부분이 단단하고 윤기가 나며 동그랗게 생긴 것이 좋다. 김치에 넣을 때는 그 단맛이 김치 맛을 더 좋게 한다.

양파는 김치를 빠르게 시어지고 익게 하기 때문에 금방 먹을 김치나 겉절이류에 채를 썰어 넣거나 김치양념이나 물김치에 즙을 내어 이용한다.

9. 아카시아꽃

아카시아꽃은 달콤한 꿀맛을 가지고 있는데 진달래와 함께 먹을 수 있는 꽃으로 알려져 있다. 싱싱한 것은 향기가 강하며 꽃잎이 한두 개 정도 벌어진 것으로 물김치를 담글 때 골라 넣는다.

10. 쇠비름

쇠비름 잎은 푸른색이며 뿌리는 흰색, 줄기는 붉은색, 꽃은 노란색, 씨는 검은색이므로 '오행초(五行草)' 라는 이름이 붙여졌으며, 그 이외에도 마치채(馬齒菜), 장명채(長命菜) 등으로도 불린다. 잎이 도톰하고 푸르며 줄기는 윤기가 나는 것이 연하며 꽃이 피기 전의 것을 이용하는 것이 좋다.

11. 묘삼

묘삼(苗蔘)은 인삼 파종 후 1년이 지나서 나오는 모종을 지칭하는 것으로, 육안으로 보아 뿌리가 마르지 않은 싱싱한 것을 골라 이용한다.

12. 당근

당근은 그 맛과 영양을 위해서라기보다 김치에 색감을 부여하기 위하여 이용한다. 껍질이 윤기가 있고 묵직한 느낌이 드는 것을 골라 이용한다. 김치 소로 사용할 때에는 가늘게 채 썰어 이용하며 너무 크지 않고 색이 맑은 주황색인 것을 골라 이용한다.

13. 풋고추

풋고추는 칼칼한 맛과 색감을 주기 위해서 이용한다. 어슷 썰어 사용하거나 채를 썰어 사용하는데 윤기가 나고 꼭지 부분이 싱싱한 것으로 골라 이용한다. 껍질은 두툼한 것을 고르고 단단한 것이 더 매운 맛이 강한 편이다.

14. 무

무는 여러 가지 단맛을 내며 고유의 매운맛은 겨자유(musatard) 및 메틸메르캅탄(Methyl mercaptan) 성분에 의해 유래된다. 또한 시금치 못지 않게 각종 비타민과 무기질 등 영양가가 풍부하다. 무는 육질이 단단하고 뿌리 부분이 푸른 빛을 띠며 흠이 없고 매운맛이 적어 감미가 있는 것으로 고르는 것이 좋다.

15. 총각무(알타리무)

알타리 계통의 무로 허리가 잘록한 형태를 띠고 있다. 뿌리 쪽이 넓으며 연하고 크기가 너무 크지 않고 일정한 것이 좋다. 또한 무에 흠이 없는 것이 좋으며 섬유질이 질겨 보이거나 크기와 모양이 균일하지 않은 것은 고르지 않는 것이 좋다.

16. 열무

열무는 5~6월이 가장 좋으며 김치를 담글 때는 조금 시든 다음 소금에 절여 사용하는 것이 좋다. 싱싱한 상태에서 소금에 절이면 풋내가 나고 맛이 없다. 열무를 고를 때는 뿌리가 짧고 줄기에 미세한 털이 많은 것으로 잎과 줄기가 연하고 일정한 것을 고르는 것이 좋다.

17. 얼갈이

얼갈이는 짙은 녹색으로 윤기가 있고 잎자루의 폭이 좁으며 대가 연한 것으로 줄기 부분은 흰색을 띠는 것이 좋다. 사시사철 재배가 가능한 채소로 비타민 A가 풍부하기 때문에 영양소 공급에 중요한 역할을 한다. 저장할 때는 통째로 신문지에 여러 겹 싸서 서늘한 곳에 밑둥을 아래쪽으로 두어 보관하는 것이 좋다.

18. 갓

갓은 색에 따라 적색, 청색, 사색, 밑갓 등이 있나. 색은 실을수록 냄새가 상하고 시니그린(Sinigrin)이라는 갓의 성분이 매운맛을 유발한다. 적색 갓은 주로 김치에 쓰이고 청색 갓은 시원한 맛이 있어 동치미에 사용한다. 갓을 고를 때는 잎이 싱싱하고 솜털이 까슬까슬하고 색이 짙으며 잎 줄기를 부러뜨렸을 때 상큼하게 부러지는 것이 제일 좋다.

19. 쪽파

쪽파는 조섬유, 순단백질, 조지방 등을 함유하고 있어 예로부터 약용으로 쓰이기도 했으며 파의 점질물은 다당류의 복합물이 용액화한 것으로 과당, 포도당, 서당류가 흡수된 것이다. 쪽파는 주로 보조제로 사용되는데 특유의 냄새 성분인 알리신(Allicin)이 특정 균에 대한 살균력을 가지고 있다.

20. 오이

오이는 칼슘의 함량이 많아 노폐물을 밖으로 내보내는 작용을 하며 비타민 C를 파괴하는 아스코르비나아제(Ascorbinase) 효소가 있어 식염으로 조리하는 것이 좋다. 표면에 윤기가 돌고 울퉁불퉁한 가시가 많으며 육질이 단단한 것을 고르는 것이 좋다. 조리할 때는 표면의 가시를 굵은 소금으로 비벼 씻어 제거한 후 사용한다.

21. 고추

고추는 꽈리고추, 붉은 고추, 풋고추 등 여러 종류가 있다. 고추는 김치류와 고추장에 많이 사용되는 식품으로 비타민 A와 비타민 C의 함량이 높다. 고추의 매운맛 성분인 캡사이신(Capsaicin)은 개화 2주 후부터 생기기 시작하여 3주 후에 최고치에 달한다. 이러한 매운맛은 체액의 분비를 촉진해 식욕을 증진시키고 혈액 순환을 돕는다. 고추를 고를 때는 꼭지 부분이 마르지 않고 표피가 두껍고 매끈하며 색이 선명한 것을 고른다.

22. 마늘

마늘의 매운 맛은 알린(Allin)이라는 성분으로 항균작용 및 강장작용을 하는 것으로 알려져 있다. 또한 철분, 티아민, 리보플라빈 등의 성분도 다량 함유되어 있다. 마늘을 고를 때는 뿌리 부분에 붉은 색이 선명하고 마늘 통이 큰 것을 고른다. 또한 국산 마늘의 경우에는 색이 연하고 알이 비교적 작지만 냄새가 강하고 모양이 통통한 것이 특징이다. 수입 마늘은 향기가 적고 만지면 물렁거리는 것이 특징이다.

23. 양배추

양배추는 비타민과 아미노산 함량이 높아 영양가가 풍부하다. 특히 비타민 A의 함량이 높고 위에 좋다. 1년 중 늦가을부터 겨울 동안 재배된 양배추의 맛이 가장 좋다. 양배추를 고를 때에는 겉이 단단하고 잎은 연한 녹색이며 속대가 없는 것이 좋다. 또한, 겉잎에 상처가 있거나 뿌리 쪽이 불쑥 튀어나온 것은 고르지 않는 것이 좋다.

24. 가지

가지는 열량이 낮고 칼륨과 수분이 풍부하다. 가지를 고를 때에는 흑자색으로 광택이 선명하며 표면에 주름이 없고 속이 꽉 차 있는 것을 고른다. 또한 7월 이후 장마철에는 부패가 심하므로 흠이 없는 것으로 잘 고른다.

25. 감자

감자는 80%가 수분이고 18%가 당질을 함유한 전분질 식품으로 칼륨과 인산이 많은 알칼리성 식품이다. 비타민이 풍부하여 동맥경화를 예방하고 감기 등의 질병에도 면역력을 상승시킨다. 또한 포만감이 있어서 다이어트 식품으로도 이용된다. 감자를 고를 때에는 알이 단단하고 표면이 녹색을 띠지 않으며 껍질이 얇고 냄새가 나지 않은 것을 고른다.

26. 고구마

고구마는 섬유질과 비타민, 그리고 미네랄이 풍부하여 성인병을 예방하는 건강 식품으로 알려져 있다. 특히 섬유질은 변비를 개선하고 장내 유용한 세균을 증가시키는 효능이 있다. 고구마를 고를 때에는 껍질이 홍자색이고 매끄러우며 표면에 손상이 없는 것으로 고른다. 몸에 반점이 많거나 굵은 뿌리가 있다던지 수분이 감소하여 겉뿌리가 딱딱하고 쭈글쭈글한 것은 고르지 않는 것이 좋다.

27. 두릅

두릅은 주로 경기도 가평에서 생산되며 산 두릅과 땅 두릅으로 구분된다. 산 두릅은 잎이 작고 몸통은 통통하며 가지가 뻗지 않아 줄기가 연하다. 또한 잎 끝이 연두색을 유지하고 있다. 땅 두릅은 껍질에 있는 가시가 손에 닿으면 아플 정도로 단단하고 몸통은 연한 분홍색을 띤 백색이다. 두릅을 고를 때에는 넓은 잎이나 길이가 10cm를 초과하고 빨간 반점을 가지거나 줄기가 변색된 것 등은 고르지 않는 것이 좋다.

28. 연근

연근은 표면이 깨끗하고 광택이 나며 진득진득한 액이 있고 손으로 잘 부러지는 것을 고르는 것이 좋다. 몸에 상처가 있거나 속이 검게 되거나 혹은 표백제 냄새가 나는 것은 고르지 않는 것이 좋다.

29. 우엉

우엉은 봄 우엉의 향과 맛이 가장 뛰어나다. 우엉은 섬유질이 많기 때문에 연필 깎듯이 써는 방법이 가장 좋고 껍질은 솔로 문지르거나 칼등으로 긁어 제거하는 것이 좋다. 껍질을 제거할 때는 우엉의 향 성분이 주로 껍질에 있으므로 두껍게 제거하지 않는 것이 좋다. 우엉을 고를 때에는 고유의 향미가 뛰어나고 외피와 내피 사이에 섬유질 심이 없으며 이물질이 없는 것으로 고른다.

30. 더덕

더덕에는 무기질과 사포닌 성분이 풍부하다. 더덕을 고를 때에는 가늘고 매끈하며 만지면 단단하고 향이 풍부한 것을 고른다. 수입산 더덕은 향기가 적고 만지면 물렁물렁하다.

31. 도라지

도라지는 쉰 냄새가 없고 뿌리가 곧으며 굵고 잔뿌리가 거의 없는 것으로 봄철 도라지가 가장 맛이 좋다. 도라지에는 쓴맛 성분인 알칼로이드(Alkaloid)가 수용성이기 때문에 물에 담가 주물러 씻으면 쓴맛이 없어진다.

2. 해산물

1. 굴

굴은 3~8월이 산란기로써 이 시기에는 독성이 생성되어 식중독을 유발할 수 있다. 굴은 다른 조개류보다 철분과 칼슘이 풍부하고 보관할 때는 1%의 소금물에 넣어 여러 번 잘 씻어 냉장 보관한다. 굴을 고를 때는 여름철이 독성을 함유하고 있으므로 피하고 신선한 굴은 특유의 냄새와 우윳빛을 띠고 가장자리의 색이 선명하며 통통한 것을 고른다.

2. 낙지

낙지는 주로 연/근해에서 잡히며 중국/일본 등지에서 수입하기도 한다. 국산은 몸 빛깔이 회색으로 다리가 가늘고 흡반이 작은 편이며 이취가 없고 대체로 살아 있는 상태로 유통된다. 수입산은 몸 빛깔이 갈색을 띠며 다리가 굵고 대체로 냉동 상태로 유통된다.

낙지는 저지방 식품으로 타우린과 각종 아미노산이 듬뿍 들어 있어서 기를 돋우는 식품이다. 주로 겨울 낙지의 맛이 좋다.

3. 가자미

가자미는 홍가자미, 돌가자미, 참가자미 등의 종류가 있다. 껍질에 탄력이 있고 냄새가 나지 않으며 비늘이 벗겨지지 않은 것을 고른다.

4. 오징어

오징어의 몸통은 내장과 먹물 주머니가 들어 있고 다리는 10개로 안쪽에 빨판이 줄지어 있나. 몸 색깔은 주위 환경에 따라 바뀔 수 있으나 살아 있을 때는 주로 짙은 갈색이고 죽으면 흰색이 된다. 오징어를 고를 때는 이취가 없고 살이 단단하며 흡반이 선명한 것으로 고른다.

5. 갈치

갈치는 은갈치와 먹갈치가 있으며 1년 내내 맛의 변함이 거의 없다. 주로 서해안에서 7~10월경 많이 잡힌다. 살이 희고 부드러우며 맛이 담백하여 구이, 절임, 튀김, 찌개 등 여러 요리에 이용된다. 갈치를 고를 때에는 육질이 단단하고 탄력이 있으며 눈동자는 검고 눈 주위가 백색이며 실꼬리가 가는 것을 고른다. 갈치는 비브리오와 살모넬라 등의 식중독균이 있을 수 있으므로 잘 가열하여 섭취하도록 한다.

6. 문어

문어는 살이 부드럽고 수분이 많아 맛이 좋다. 어류와 달리 근육 조직이 직각으로 결이 있어 가열 시 오그라드는 것을 막기 위해 칼집을 내어 조리한다. 문어를 고를 때에는 눈이 까맣고 선명하며 흑색으로 윤기가 나고 냄새가 나지 않는 것으로 고른다.

7. 톳

톳은 일정하며 광택이 있는 것이 좋다. 맛과 향이 뛰어나다고 알려져 있으며, 다른 이름으로 '녹미채(鹿尾菜)' 라고도 불린다. 해독작용이 있고 식이섬유가 풍부해서 쉽게 포만감을 느낄 수 있으므로 다이어트 식품으로 바람직하다. 짧은 솔잎 모양 다발로 이어져 묶음처럼 생겼는데 식량이 부족할 때 곡식을 섞어 밥을 지어 먹기도 했다.

3. 과일류

1. 사과

사과는 지역과 기후 조건에 따라 그 맛과 품종이 다르며, 부사/아오리/홍옥 등 다양한 품종이 있다. 일교차가 큰 고랭지 지역의 사과가 맛이 가장 좋으며 이는 과육이 단단하고 단맛이 강한 것에 기인한다. 좋은 사과는 껍질의 색이 고르고 밝은 느낌을 주는 색상이 나며 모양이 대칭을 이룬다. 많이 넣으면 김치가 금방 시어지므로 즙으로 내어 바로 먹을 김치나 겉절이, 동치미 등에 적당량만 넣어 사용한다.

2. 석류

석류는 그 색이 선명하게 붉은 색을 띠며 껍질에 상처가 없고 단단한 것을 골라 이용한다. 무거울수록 과즙이 풍부하며 김치에 넣는 까닭은 새콤한 맛과 석류 자체가 가지고 있는 효능 때문에 이용한다.

3. 배

배는 강알칼리성 식품으로 혈액을 중성으로 유지시켜 건강 유지에 큰 효과가 있다. 또한 체내 알코올 성분을 빨리 해독시키므로 갈증 해소에 탁월한 효능이 있다. 배에는 연육 효소가 있어서 고기와 함께 재우면 고기가 연해지고 소화가 잘 된다. 배를 고를 때는 과피가 얇은 것으로 짙은 황색에 엷은 붉은 기가 돌고 모양이 둥글며 배 고유의 점 무늬가 큰 것을 고른다.

4. 감

감은 비타민이 풍부하여 감기 예방 및 성인병에 유익한 식품이다. 또한 당 함량이 많아 감미가 풍부하고 혈중 알코올 상승률을 낮추는 성분이 많다. 감은 주로 생과, 연시, 건시 또는 장아찌 등으로 사용된다. 감을 고를 때에는 꼭지 부분이 깨끗하고 과실 표면에 과분이 피어 있으며 과육이 치밀하면서도 연하여 단맛이 좋은 것을 고른다.

4. 소스 등의 원료

1. 매실청

매실은 설탕과 1:1의 비율로 섞은 후에 발효시키는데 이렇게 만든 청을 '매실청' 이라고 한다. 매실청은 새콤달콤한 맛이 나며 단맛을 내는 데에 사용하거나 배가 아플 때 약으로 사용하기도 했다. 매실청은 주로 청매실을 이용하며 흠집이 없고 알맹이가 단단하며 향이 강하고 푸른 연둣빛이 나는 것을 이용한다.

2. 소금

소금은 방부효과와 효소 정지작용, 단백질 용해작용 등의 특성이 있다. 소금을 고를 때는 수분이 적고 입자가 일정한 것을 고르는 것이 좋다. 또한 소금을 보관할 때는 직사광선을 피하고 통풍이 잘 되는 상온에서 보관하는 것이 좋다.

3. 고춧가루

고춧가루는 주로 영양, 봉화, 진주, 광주 등지에서 생산되며 검붉은 색으로 윤기가 있고 이물질이 없는 것을 고른다. 고춧가루를 살 때는 유난히 붉은 빛이 돌거나 표면에 검은 점이 있는 것은 피하는 것이 좋다.

제3장
풀국, 젓갈, 절이기

1. 풀국 만들기

풀국은 김치의 발효를 돕고 맛과 향미를 더욱 증진시키며 김치의 재료들이 겉돌지 않고 서로 잘 섞이도록 돕는 역할을 한다. 풀국은 주로 찹쌀풀국이 사용되지만 그 밖에도 밀가루나 감자 등을 이용한 풀국이 이용된다. 찹쌀풀국으로 김치를 담그면 윤기가 좋고 밀가루풀국으로 김치를 담그면 감칠맛이 더해져 더 깊고 고소한 맛을 낸다.

감자풀국은 구수한 맛이 있어 여름철 김치에 잘 어울리고 보릿가루풀국은 식감이 부드럽고 담백한 것이 특징이다. 또한 풀국을 쑬 때 물 대신 다시마, 멸치 등을 넣고 끓인 맛국물을 사용하면 김치의 맛이 더 깊어진다.

1. 찹쌀풀국

재료 : 물 1C, 찹쌀가루 1T

만드는 방법

① 냄비에 물과 찹쌀가루를 넣어 고루 섞으며 중불로 끓인다.

② 나무주걱으로 4분 정도 저어 끓이며 고소한 냄새가 나면 불을 끄고 식힌다.

2. 밀가루풀국

재료 : 물 2C, 밀가루 3T

만드는 방법

① 냄비에 물과 밀가루를 넣고 중불로 끓인다.

② 나무주걱으로 3분 동안 잘 풀어 끓인 후 불을 끄고 식힌다.

3. 감자풀국

재료 : 물 2C, 감자 1개

만드는 방법

① 감자는 껍질을 벗겨 4등분한다.

② 냄비에 물과 감자를 함께 넣는다.

③ 뚜껑을 덮어 감자가 익을 때까지 삶은 뒤 식힌다.

④ 믹서에 넣어 곱게 간다.

4. 보릿가루풀국

재료 : 물 3C, 보릿가루 1T

만드는 방법

① 냄비에 물과 보릿가루를 넣어 끓인다.

② 나무주걱으로 저어 가며 3분 동안 끓인 후 불을 끄고 식힌다.

2. 젓갈 만들기

1. 멸치젓

멸치젓은 멸치에 소금을 넣어 발효시킨 요리이다. 발효하는 데에는 6개월 정도의 시간이 걸리며 발효 뒤에는 멸치젓국이 된다. 추출물을 걸러낸 뒤 김치에 감칠맛을 더하는 데 사용되며 간장 대용으로도 사용된다.

준비물 : 멸치 1kg, 소금 120g

① 멸치는 흐르는 물에 깨끗이 세척한 후 물기를 제거한다.

② 소독된 병에 멸치와 소금을 켜켜이 담아 뚜껑을 덮은 뒤 밀봉하고 임실에 보관하여 발효시킨다.

멸치액젓 만들기

① 채반에 면보를 깔고 발효된 젓갈을 부어 준다.

② 액젓이 걸러질 때까지 하룻밤 정도 기다린다.

③ 깨끗한 면보에 2차로 액젓을 거른다.

2. 새우젓

새우젓은 새우를 소금에 절인 것으로 멸치젓과 함께 김치에 많이 사용되는 젓갈이다. 새우젓은 특이한 향과 담백한 맛이 특징이다. 새우젓 내장에는 육질이 쉽게 분해되는 소화효소가 들어 있다. 또한 새우의 신선도에 따라 젓갈의 품질이 좌우되기 때문에 어획 즉시 새우젓을 만들기도 한다.

준비물 : 새우 2C, 소금 1C

① 볼에 새우를 넣고 지저분한 이물질은 제거한다.

② 새우에 소금 0.5C을 넣고 양손으로 잘 버무린다.

③ 소독한 병에 소금으로 버무린 새우를 넣고 나머지 0.5C에 해당하는 소금을 뿌린 후 뚜껑을 덮고 밀봉하며 서늘한 곳에 저장하여 발효시킨다.

3. 가자미젓

가자미는 갓 잡은 싱싱한 가자미를 사용하는 것이 좋으며 가자미와 소금의 비율은 3:1로 가자미를 잘 버무려 암실에서 1년 정도 발효시키면 가자미가 숙성되면서 감칠맛 있는 젓갈이 된다.

준비물 : 가자미 3kg, 소금 3C

① 가자미를 흐르는 물에 깨끗하게 씻어 손질한다.

② 볼에 가자미를 넣고 소금 1/3을 뿌려 잘 버무린다.

③ 소독된 병에 버무린 가자미를 넣고 나머지 소금으로 덮은 후 뚜껑을 덮고 밀봉하여 암실에서 발효시킨다.

4. 까나리액젓

까나리액젓은 까나리를 소금에 절여 발효시킨 것으로 비린 맛이 있지만 특유의 짠맛과 단맛이 있어 식욕을 자극한다.

준비물 : 까나리 2C, 소금 5T

① 까나리는 깨끗이 손질한 후 물기를 뺀다.

② 소독한 병에 까나리를 넣고 소금을 수북히 담아 뚜껑을 닫고 밀봉시켜 암실에서 발효시킨다.

5. 갈치젓 & 갈치속젓

갈치젓은 머리와 내장을 제거하고 서늘한 곳에 1년 이상 발효시킨 것이다. 갈치속젓은 갈치 내장으로 담근 젓갈로 숙성이 덜 되면 비린맛이 많이 나므로 3년 이상 삭힌 뒤 사용해야 색이 변하지 않고 깊은 맛이 난다.

준비물 : 갈치 2kg, 소금 2C

① 갈치는 머리와 내장을 제거하고 소금 1/2을 넣어 손으로 잘 버무린다.

② 소독된 병에 버무린 갈치를 넣고 나머지 소금을 켜켜이 넣어 뚜껑을 닫고 밀봉한다. 서늘한 곳에 1년 정도 발효시킨다.

6. 밴댕이젓

밴댕이젓은 무김치에 잘 어울리는 젓갈로 3~4월에 살이 많기 때문에 이 때 담그는 것이 좋다. 밴댕이는 저지방 식품으로 맛이 담백하여 잘게 썰어 밑반찬으로 먹기도 한다.

준비물 : 밴댕이 1kg, 소금 2C

① 밴댕이는 흐르는 물에 비늘과 내장을 빼어 깨끗이 손질한 후 물기를 제거한다.

② 소독된 병에 밴댕이와 소금을 켜켜이 담고 맨 위에는 소금을 듬뿍 뿌린다.

③ 뚜껑을 닫은 뒤 밀봉하여 서늘한 곳에서 발효시킨다.

3. 배추 절이기

1. 배추 손질하기

배추의 밑동을 제거하고 지저분한 겉잎을 떼어내어 밑 부분에 십자로 칼집을 넣은 뒤 손을 넣어 두 쪽으로 나눈다.

2. 절임물 만들기

볼에 물 5C, 소금 1C을 넣고 잘 저어 소금을 녹여 절임물을 만든다.

3. 배추 절이기

배추를 절인 물에 배추가 물에 잠기도록 1시간 정도 적신 후 숨이 죽으면 배추 사이에 소금을 조금씩 뿌려 앞 뒤로 뒤집어가며 심이 물렁해질 때까지 절여준다.

4. 배추 준비하기

절인 배추를 흐르는 물에 2~3번 정도 씻어 건진 후 배추의 자른 면이 아래로 향하도록 놓고 물기를 뺀다.

제 2 부

김치 담그기

001 가자미식해

주재료 및 부재료

재료 가자미 1.2kg, 무 500g 메조 1cup, 굵은소금 1cup

양념 엿기름 1/2cup, 고춧가루 2/3cup, 다진 마늘 3T, 다진 생강 1t, 다진 파 3T, 설탕 1T, 청주 2T, 소금 3T

조리방법

1. 가자미는 칼로 비늘을 긁은 후 머리와 내장을 제거한다. 1cm 크기로 썬 후 굵은 소금 1/2cup을 그 위에 뿌리고 비닐을 덮은 후 3시간 동안 실온에 두었다가 4~5℃에서 3~4일 동안 발효시킨다.
2. 메조는 불리지 않은 쌀과 물을 1:1.5 비율로 밥을 지어 식힌다.
3. 엿기름은 잘 갈아 고운체에 거른 후 양념을 모두 섞어 만들어 둔다.
4. 발효시킨 가자미와 메조에 양념은 1/2을 넣고 버무린 후 숙성시킨다.
5. 무는 굵은 채를 썬 후 굵은 소금 1/2cup에 절인 후 물기를 짜고 남은 양념을 넣고 버무린다.
6. 재료를 모두 섞은 후 항아리에 담아 보관한다.

002 가죽김치

주재료 및 부재료

재료 가죽 250g, 물 2cup, 굵은 소금 2T, 찹쌀가루 2T, 맛국물 1/2cup
양념 고춧가루 2T, 다진 마늘 1T, 다진 생강 1/4T, 초피액젓 3T

조리방법

1. 가죽은 손질한 후 물 2cup, 굵은 소금 2T에 1시간 동안 절인다.
2. 찹쌀가루 2T, 맛국물 1/2cup을 끓여 찹쌀풀을 쑤어 식힌 다음 양념 재료를 모두 넣어 섞는다.
3. 절인 가죽을 물로 깨끗이 씻은 후 물기를 빼고 끝 부분을 자른다.
4. 가죽과 양념을 넣고 버무려 통에 담아 냉장 보관한다.

003 가지김치

주재료 및 부재료

재료 가지 2개, 부추 20g, 쪽파 5g

양념 건고추 2개, 고춧가루 1/2T, 멸치액젓 1T, 새우젓 1t, 다시마 물 2T, 설탕 1/2t, 마늘 3g, 깨소금 1/2t

조리방법

1. 가지는 양끝을 정리한 후 3토막 내고 다시 세로로 6등분하여 자른다.
2. 예열한 찜통에 10분간 부드럽게 쪄낸 후 식힌다.
3. 건고추를 잘라 물에 씻은 후 잠시 불렸다가 깨소금과 고춧가루를 제외한 양념재료들과 함께 믹서에 간 다음 고춧가루를 섞어 양념을 만든다.
4. 쪽파와 부추는 4cm 길이로 자른다.
5. 모든 재료를 섞어 버무린다.

004 가지속비닐김치

주재료 및 부재료

재료 가지 2개, 당근 500g, 양파 1/2개, 부추 20g
양념 고춧가루 100g, 다진 마늘 2Ts, 다진 생강 1Ts, 멸치액젓 3Ts, 소금 2Ts, 새우젓 2Ts

조리방법

1. 가지를 반으로 잘라 어슷어슷 칼집을 넣고 소금으로 절인다.
2. 당근 채를 썬다.
3. 양파 채를 썬다.
4. 부추를 씻어서 4cm 크기로 썬다.
5. 고추가루 · 다진 마늘 · 다진 생강 · 멸치액젓 · 새우젓을 다려서 넣어 양념을 만든다.
6. 절인 가지를 씻어 물기를 제거하고 칼집 사이사이에 양념을 넣어 완성한다.

005 가지소박이

주재료 및 부재료

재료 가지 1개, 양파 20g, 잘게 썬 부추 2T, 잘게 썬 당근 1/2T, 잘게 썬 쪽파 2T, 굵은 소금 1T, 물 2cup

양념 고춧가루 2T, 멸치액젓 2T, 다시마 물 1T, 다진 마늘 1t, 설탕 1t, 깨소금 1/2t

조리방법

1. 가지는 양쪽 끝을 정리한 후 가로 4cm로 잘라 끝에 1.5cm만 남기고 세로로 십자 모양의 칼집을 넣는다.
2. 물과 굵은 소금을 모두 섞어 소금물을 만들고 가지를 넣어 2~3 시간 동안 절인 후 채반으로 가볍게 물기를 뺀다.
3. 양파는 가늘게 채 썬다.
4. 양념 재료는 모두 섞어 고춧가루를 불린다.
5. 불린 양념을 썰어놓은 양파, 부추, 당근, 쪽파에 넣어 섞는다.
6. 절인 가지에 양념한 소를 채워 넣어 소박이를 만든다.

006 간장식초고추장아찌

주재료 및 부재료

재료 단단한 매운 고추 40 개
절임장 물 1cup, 간장 1cup, 설탕 1/2cup, 식초 1/2cup

조리방법

1. 매운 고추를 단단한 것으로 골라 잘 씻은 후 물기를 제거한다.
2. 고추의 꼭지는 손으로 집고 먹을 수 있을 정도의 길이만 남긴 후 자른다.
3. 용기에 고추를 차곡차곡 담는다.
4. 냄비에 절임장 재료를 모두 넣어 팔팔 끓인 후 고추가 담긴 병에 붓는다.
5. 고추가 떠오르지 않도록 무거운 것으로 고추를 눌러 보관한다.

007 갈치배추김치

주재료 및 부재료

재료 배추 2포기, 갈치 2마리, 마른 청각 20g, 무 1/2, 배 1/2개, 갓 150g, 미나리 100g, 쪽파 100g, 물 3L, 굵은 소금 3T, 찹쌀 100g, 맛국물 3cup

양념 고춧가루 3cup, 다진 마늘 4T, 다진 생강 1T, 초피액젓 10T, 새우젓 5T, 갈치속젓 5T

조리방법

1. 배추는 다듬은 후 밑동을 도려내고 4등분하여 칼집을 넣는다.(완전히 자르지 않고 배추 1/3까지만 칼집을 넣는다)
2. 물과 굵은 소금을 섞어 절임물을 만든 후 배추를 9시간 동안 절인다. 절인 배추는 물에 행군 후 소쿠리에 받쳐 물기를 뺀다.
3. 찹쌀은 물에 3시간 동안 불려 건져 물기를 빼고 맛국물을 넣어 끓인다. 끓기 시작하면 주걱으로 잘 저으면서 중불로 20분 정도 쑤어 식혀 찹쌀죽을 만든다.
4. 갈치는 지느러미를 자르고 머리와 내장, 그리고 비늘을 손질한 후 0.7cm 길이로 자른다.
5. 청각은 물에 불린 후 잘 씻어 잘게 다진다.
6. 무와 배는 채 썰고 갓과 미나리, 쪽파는 2cm 길이로 썬다.
7. 볼에 갈치와 무, 배, 갓, 미나리, 쪽파, 청각, 찹쌀죽, 그리고 양념 재료를 모두 넣고 버무려 김치에 켜켜이 넣는다. 김치통에 김치를 담아 실온에서 3일 동안 익힌 다음에 냉장 보관한다.

008 감김치

주재료 및 부재료

재료 감 10개, 무 100g, 쪽파 50g, 물 1L, 소금 3T, 멸치육수 1/2cup, 찹쌀가루 2T
양념 고춧가루 5T, 사과즙 3T, 멸치액젓 5T, 설탕 1T, 매실청 2T, 통깨 1T, 다진 마늘 1T, 다진 파 2T, 다진 생강 1t

조리방법

1. 감은 끝에 1.5cm를 남기고 열십자로 칼집을 낸 후 소금물(물 1L, 소금 3T)에 넣어 절인다.
2. 무와 쪽파는 3cm 길이로 썬다.
3. 찹쌀가루와 멸치육수를 중불에 쑤어 찹쌀풀을 만든 후에 식힌다.
4. 절인 감은 씻어서 물기를 제거한다.
5. 찹쌀풀에 양념 재료를 모두 섞어 양념을 준비한다.
6. 칼집 넣은 감에 양념소를 넣는다.

009 감동젓 영양배추김치

주재료 및 부재료

재료 배추 1포기, 무 1개, 굵은 소금 1cup, 쪽파 200g, 미나리 100g, 배 1개, 생강 20g, 잣 4T, 생굴 100g, 낙지 1마리, 전복 2마리, 북어 1마리, 설탕 3g

양념 감동젓 1/2cup, 매실청 3T, 고춧가루 1cup, 마늘 100g, 생강 20g, 소금 3g

조리방법

1. 배추는 줄기가 얇은 것으로 골라 밑둥에 칼집을 넣어 쪼갠 후 굵은 소금으로 절이고 물에 씻어 수분을 뺀다.
2. 무는 채를 썬다.
3. 배는 채를 썬다.
4. 쪽파와 미나리는 4cm 길이로 썬다.
5. 마늘과 생강은 곱게 다진다.
6. 밤은 껍질을 벗긴 후 편으로 썬다.
7. 전복은 소금으로 문질러 씻은 후 껍질을 떼어 살을 분리시켜 얇게 저민다.
8. 북어는 물에 불린 후 비늘을 제거하고 수분을 뺀 후 2.5cm로 썬다.
9. 굴, 낙지는 소금물에 씻어준 후 수분을 빼고 2.5cm로 썬다.
10. 감동젓에 양념을 모두 섞어 준 후 큰 볼에 양념과 잣 그리고 재료를 모두 넣어 버무리고 소금으로 간하여 1의 배추에 버무린다.

010 감자풀국 열무김치

주재료 및 부재료

재료 재료 열무 1/2단, 쪽파 20g, 홍고추 1개, 양파 1/4개, 물 5cup, 굵은 소금 1/2cup
김치국물 감자풀국(감자 1개, 물 1.5cup) 1/2cup, 물 4cup, 새우젓 1/2T, 구운 소금 1/2T, 청양고추 2개, 마늘 6알, 생강 1g

조리방법

1. 감자는 껍질을 벗겨 잘게 잘라 15분 정도 푹 삶아준 후 믹서에 갈아 감자풀국을 만든다.
2. 열무는 다듬은 후 6cm 길이로 잘라 소금물(물 5cup, 굵은소금 1/2cup)에 1시간 동안 담가 절여준 후 물에 헹궈 물기가 빠지도록 그대로 둔다.
3. 마늘과 생강, 새우젓, 청양고추를 약간의 물과 함께 믹서로 간다.
4. 생수에 감자풀국과 3의 재료를 넣어 잘 섞어 소금으로 간을 맞춰 김치국물을 준비한다.
5. 양파는 채 썰고, 홍고추는 어슷 썰고, 쪽파는 4cm 길이로 썬다.
6. 김치국물에 열무와 나머지 재료를 모두 넣어 섞은 후 김치통에 담는다.

011 갓김치

주재료 및 부재료

재료 갓 1단, 고구마 1개, 무 100g, 쪽파 300g, 물 3L, 굵은 소금 1cup, 맛국물 2cup, 찹쌀가루 6T

양념 고춧가루 15T, 다진 마늘 5T, 다진 생강 1/2T, 초피액젓 5T, 새우젓 3T

조리방법

1. 갓은 겉잎을 손질한 후 절임물(물 3L, 굵은소금 1cup)에 2시간 동안 절여준 다음 물로 헹궈 물기를 뺀다.
2. 무는 강판으로 간다 .
3. 고구마를 삶아 준 후 믹서에 갈아 맛국물과 찹쌀가루를 넣어 찹쌀풀을 쑤어 식혀 준 다음 갈아놓은 무즙을 넣어 섞는다.
4. 찹쌀풀에 양념 재료를 모두 섞어 양념을 만든다.
5. 양념에 갓과 쪽파를 넣고 버무린다.
6. 갓과 쪽파는 한번에 먹을 분량으로 묶어 통에 담아 4일간 실온에서 익힌 후 냉장 보관한다.

012 겨울깍두기

주재료 및 부재료

재료 무 1개, 배 1/2개, 갓 50g, 미나리 50g, 쪽파 50g, 맛국물 1cup, 찹쌀가루 4T
양념 고춧가루 3T, 다진 마늘 1T, 다진 생강 1t, 초피액젓 4T, 새우젓 2T

조리방법

1. 무는 껍질째 깨끗이 씻은 후 깍둑썰기로 썰어서 소금에 절인 다음 씻는다.
2. 배는 갈아서 즙을 짠다.
3. 찹쌀풀(맛국물 1cup, 찹쌀가루 4T)은 쑤어 식힌다.
4. 갓, 미나리 , 쪽파는 2cm 길이로 썬다.
5. 양념 재료에 배즙과 썰어놓은 갓과 미나리, 쪽파를 넣어 섞는다.
6. 무에 5의 양념을 넣어 버무린 후 김치통에 담아 실온에서 3일간 익힌 후 냉장 보관한다.

013 겨자김치

주재료 및 부재료

재료 통배추 1kg, 마른 표고 3개, 미나리 20g, 생전복 200g, 쪽파 10g
양념 다진 마늘 1T, 다진 생강 1t, 굵은 소금 2/3T, 설탕 20g, 겨자 2T, 실고추 5g, 소금 1T

조리방법

1. 통배추는 다듬어 흰 줄기만 썬 후 소금에 절여 숨을 죽이고 찬물에 씻어 물기를 제거한다.
2. 미나리는 줄기만 2cm로 썰고, 배는 껍질을 벗겨 2×2×0.5cm로 썰어준 후 설탕을 뿌려 변색을 막는다.
3. 표고는 찬물에 불린 후 편 썬다.
4. 전복은 내장을 제거하여 표고 두께 정도로 썬다.
5. 재료와 양념을 모두 함께 섞은 후 겨자를 넣어 골고루 버무리고 소금으로 간을 맞춘다.
6. 항아리에 김치를 담아 3시간 동안 실온에 익힌 후 소금물을 삼삼하게 타서 자박하게 붓는다.

014 고구마김치(고구마깍두기)

주재료 및 부재료

재료 고구마 1kg, 쪽파 50g, 물 1L, 굵은소금 2T
양념 고춧가루 5T, 새우젓 3T, 통깨 1T, 다진 마늘 1T, 다진 생강 2t, 소금 2g

조리방법

1. 고구마는 껍질을 벗겨 주사위 모양으로 깍둑썰기한 후 소금물(물 1L, 굵은소금 2T)에 절인다.
2. 쪽파는 2cm로 썬다.
3. 절인 고구마는 물기를 빼고 고춧가루를 넣어 물들인 후 새우젓, 파, 다진 마늘, 다진 생강을 넣고 버무린다.
4. 버무린 고구마 김치에 소금과 통깨를 넣어 마무리한다.

015 고구마줄기김치

주재료 및 부재료

재료 고구마 줄기 1kg, 당근 1/4개, 쪽파 50g, 물 1cup, 굵은 소금 1cup, 맛국물 1cup, 찹쌀가루 4T

양념 고춧가루 4T, 다진 마늘 2T, 다진 생강 1/4T, 멸치액젓 4T, 매실청 3T

조리방법

1. 고구마 줄기는 잎을 떼어낸 후 껍질을 위에서 아래로 벗긴다.
2. 고구마 줄기는 절임물 (물 1cup, 굵은 소금 1/3cup)에 30분 동안 절인 후 헹궈 체에 밭쳐 물기를 뺀다.
3. 찹쌀풀 (맛국물 1cup, 찹쌀가루 4T)을 쑤어 식힌다.
4. 당근은 곱게 채 썰고, 쪽파는 4cm 길이로 썬다.
5. 양념 재료를 모두 섞어 양념을 만든다.
6. 볼에 고구마 줄기와 당근, 쪽파, 찹쌀풀을 넣고 양념을 넣어 버무린 후 김치통에 담아 8시간 동안 실온에서 익힌 후 냉장 보관한다.

016 고들빼기김치

주재료 및 부재료

재료 고들빼기 2단, 쪽파 5g, 당근 20g, 물 10cup, 굵은 소금 1/2cup

양념 고춧가루 1/2cup, 찹쌀풀국 (찹쌀 1T, 물 1cup) 3/4cup, 달인 멸치젓국 5T, 다진 마늘 2T, 다진 생강 1g, 설탕 2t, 통깨 1/2T

조리방법

1. 냄비에 물과 찹쌀가루를 넣어 중약불에 올려 눌어붙지 않도록 저어 가며 끓인 후 점성이 생겨 엉기기 시작하면 4분 동안 더 저으며 끓여 풀국을 쑨 후 식힌다.
2. 고들빼기는 누런 겉잎은 떼어내고 지저분한 뿌리를 칼로 살살 긁어내며 손질한다. 이때 잔뿌리는 자르지 않는다.
3. 다듬은 고들빼기는 찬물에 담가 손으로 문질러 가며 겉에 묻은 흙을 씻는다.
4. 소금물에 손질한 고들빼기를 넣고 무거운 것으로 눌러 서늘한 곳에서 4일 동안 두고 쓴맛을 우린다.
5. 쓴맛을 우려낸 고들빼기는 물에 잘 흔들어 헹군 후 체반으로 물기를 뺀다.
6. 당근과 쪽파는 4cm 길이로 자른다.
7. 양념 재료를 모두 섞어 양념을 만든다.
8. 모든 재료와 양념을 한데 모아 버무린다.

017 고들빼기파김치

주재료 및 부재료

재료 고들빼기 1단, 쪽파 1/2단, 굵은 소금 1/2c

양념 고추가루 1/2c, 찹쌀풀국(찹쌀가루 1TS, 물 1c), 달인 멸치젓국 5T, 마늘 2T, 다진 생강 1g, 설탕 2g, 통깨 1/2T

조리방법

1. 고들빼기는 누런 겉잎은 떼어내고 지저분한 뿌리는 칼로 살살 긁어내며 손질한다. 잔뿌리는 빼고 이등분한다.
2. 다듬은 고들빼기는 찬물에 담가 손으로 문질러가며 겉에 묻은 흙을 씻는다.
3. 소금물에 손질한 고들빼기를 넣고 무거운 것으로 눌러 서늘한 곳에서 4일 동안 두고 쓴맛을 우려낸다.
4. 쓴맛을 우려낸 고들빼기는 물에 잘 흔들어 헹군 후 체반에 물기를 뺀다.
5. 찹쌀가루와 물을 섞어 냄비에 넣고 저어가며 점성이 있게 풀을 끓인다.
6. 양념재료는 모두 섞어 재료와 함께 버무린다.

018 고수김치

주재료 및 부재료

재료 고수 1kg, 소금 4T, 쪽파 50g

양념 찹쌀풀(맛국물 1cup, 찹쌀가루 4T) 1/2cup, 멸치액젓 3T, 다진 마늘 1T, 다진 생강 1t, 고춧가루 1/2cup, 매실청 2T

조리방법

1. 고수는 소금에 절인 후 씻어 물기를 뺀다.
2. 쪽파는 4cm 길이로 썬다.
3. 찹쌀풀은 쑤어 식혀 놓는다.
4. 찹쌀풀에 양념 재료를 모두 넣고 섞어 양념을 만든다.
5. 볼에 고수와 쪽파를 넣고 양념으로 살살 버무린다.

019 고수상추겉절이

주재료 및 부재료

재료 고수 200g, 상추 10g, 양파 1/6개
양념 고춧가루 1/2T, 멸치액젓 1/2T, 식초 1T, 설탕 1/2T, 다진 마늘 1t, 통깨 1/3t, 올리브유 2g

조리방법

1. 상추는 물에 깨끗이 씻어 물기를 제거한 후 먹기 좋은 크기로 손으로 뜯어 준비한다.
2. 양파는 채 썰고, 고수는 뿌리째 4cm 길이로 썬다.
3. 올리브유와 통깨를 제외한 모든 양념 재료를 섞어 양념을 만든다.
4. 볼에 고수와 상추, 양파를 넣고 양념으로 가볍게 섞는다.
5. 마지막으로 통깨와 올리브유를 넣어 버무린다.

020 고추소박이

주재료 및 부재료

재료 풋고추 10개
김치소 양파 20g, 당근 10g, 부추 30g
양념 고춧가루 2T, 까나리액젓 1T, 다시마 물 2T, 새우젓 1t, 다진 마늘 1t, 깨소금 1t

조리방법

1. 풋고추는 깨끗이 씻은 후 꼭지를 따고 위아래로 1.5cm 정도 남기고 배를 갈라서 씨를 뺀다.
2. 부추와 양파, 당근은 잘게 다져 준비한다.
3. 양념 재료를 모두 섞어 준비한다.
4. 양념에 다진 부추와 양파, 당근을 넣고 버무려 김치소를 만든다.
5. 배를 가른 고추 안에 김치소를 넣어 채운다.

021 고추씨열무오이물김치

주재료 및 부재료

재료 오이 2개, 열무 1/2단, 홍고추 1개, 쪽파 5g, 고추씨 1/2T, 물 5cup, 소금 1/2cup

김치국물 물 6cup, 밀가루풀국 (물 1cup, 밀가루 2T) 1/2cup, 홍고추 4개, 새우젓 1T, 마늘 7알, 생강 2g, 구운 소금 1T, 무 100g, 설탕 1/2t

조리방법

1. 냄비에 물과 밀가루를 잘 풀어준 후 중약불에 눌러 붙지 않도록 저어 가며 끓인다. 점성이 생기면서 엉기기 시작하면 3분 후 밀가루 냄새가 나지 않을 때까지 저으며 끓인 뒤 식혀 밀가루풀국을 만든다.
2. 열무는 다듬어 5cm 길이로 썰고, 오이는 5cm 길이로 토막내 다시 세로로 6등분한 후 소금물(물 5cup, 소금 1/2cup)에 1시간 동안 담가 절인 뒤 건진다.
3. 홍고추, 마늘, 새우젓, 생강, 무와 약간의 물을 믹서기에 함께 넣어 간다.
4. 고추는 어슷 썰고, 쪽파는 4cm 길이로 썬다.
5. 면보에 3을 넣고 생수에 적셔 가며 짜내어 맑은 색이 나도록 김치국물을 만든다.
6. 김치국물은 소금으로 간을 맞춘 뒤 절인 열무와 오이를 넣고 고추와 쪽파를 넣어 잘 섞은 뒤 김치통에 담는다.

022 고춧잎김치

주재료 및 부재료

재료 고춧잎 1kg, 영양 부추 50g, 양파 1/2개

양념 찹쌀풀(맛국물 1cup, 찹쌀가루 2T) 1cup, 멸치액젓 1/2cup, 고춧가루 1/2cup, 다진 마늘 2T, 다진 생강 1/2T, 매실청 2T, 통깨 1T, 소금 1g

조리방법

1. 고춧잎은 씻어 소쿠리에 담아 물기를 제거한다.
2. 양파는 채 썰고 영양부추는 4cm로 썬다.
3. 찹쌀풀(맛국물 1cup, 찹쌀가루 2T)에 고춧가루를 넣고 혼합한 후, 나머지 양념 재료를 모두 넣어 섞어 양념을 만든다.
4. 양념에 고춧잎과 양파, 영양부추를 모두 넣고 살살 버무린다.

023 골뱅이부추겉절이

주재료 및 부재료

재료 통조림 골뱅이 1cup, 부추 20g, 양파 1/4개
양념 고춧가루 2T, 까나리액젓 1T, 다시마 물 2T, 다진 마늘 1/2T, 통깨 1t, 설탕 2g

조리방법

1. 통조림 골뱅이는 국물은 따라내고 물을 바꿔 가며 흔들어 씻어 준 뒤 물기를 뺀다.
2. 양파는 채 썰고, 부추는 4cm 길이로 썬다.
3. 통깨를 제외한 양념 재료를 모두 섞어 양념을 만든다.
4. 볼에 골뱅이와 부추, 양파를 넣고 양념을 넣어 가볍게 버무린 후 통깨를 뿌린다.

024 곰취장아찌

주재료 및 부재료

재료 곰취 100장
절임장 물 1.5cup, 조선간장 1/4cup, 진간장 1/2cup, 국물용 멸치 10 마리, 다시마 (5cm) 1장, 설탕 1T

조리방법

1. 냄비에 절임장 재료를 모두 넣고 끓인 뒤 건더기는 채로 걸러낸 후 식힌다.
2. 곰취는 흐르는 물에 한 장씩 씻어준 뒤 냄비에 물과 약간의 소금을 넣고 끓으면 곰취를 살짝 데쳐준 후, 찬물에 헹궈 물기를 짠다.
3. 용기에 곰취를 차곡차곡 담아준 후 식혀놓은 절임장을 부어 무거운 것으로 눌러 보관한다.

025 과일물김치

주재료 및 부재료

재료 사과 1/2개, 배 1/2개, 무 80g, 미나리 10g, 대추 2개, 당근 10g, 쪽파 5g
김치국물 A 물 2cup, 구운 소금 1t
김치국물 B 배 1/4개, 사과 1/4개, 마늘 3알, 생강 2g

조리방법

1. 사과는 껍질째 소금으로 문질러 씻은 뒤 나박 썬 후 김치국물로 사용되는 사과는 한 입 크기로 썬다.
2. 배는 껍질을 벗겨 나박 썰기 한 후 김치국물로 사용될 배는 한 입 크기로 썬다.
3. 무와 당근은 과일 크기와 같도록 나박 썰고, 쪽파와 미나리는 3cm 길이로 자른다.
4. 대추는 씨를 제거하여 돌돌 말아 얇게 썬다.
5. 믹서에 한 입 크기로 썬 사과와 배를 넣고 마늘과 생강과 함께 간다.
6. 면보에 갈아준 김치국물 B를 담아 김치국물 A에 적셔가면서 꼭 짜고 소금으로 간한다.
7. 완성한 김치국물에 모든 재료를 넣어 고루 섞는다.

026 국물깍두기

주재료 및 부재료

재료 무 1/2개, 쪽파 10g
김치국물 A 건고추 5개, 까나리액젓 1T, 새우젓 1T, 찹쌀풀국(찹쌀 1T, 물 1cup) 3T, 다시마물 2T, 양파 1/5개, 마늘 5알, 생강 3g
김치국물 B 설탕 1t, 구운 소금 2T, 깨소금 2g

조리방법

1. 무는 껍질째 깨끗이 씻어 2cm 두께로 잘라 깍둑 썬다.
2. 쪽파는 2cm 길이로 썬다.
3. 김치국물 A의 재료를 믹서에 간다 .
4. 깍둑 썰기한 무에 갈아준 김치국물 A를 넣어 버무린다.
5. 4에 쪽파와 김치양념 B를 넣어 버무린다.

027 국화파프리카물김치

주재료 및 부재료

재료 무 300g, 청홍고추 1/2개, 소금 1/2C, 설탕 3T, 다진 마늘 1Ts, 다진 생강 1Ts, 부추 10g, 찹쌀풀국(찹쌀가루 1Ts, 물 1C)

조리방법

1. 무는 4cm×4cm로 썬 후 윗면에 칼집을 넣어 소금으로 절여 주고 부추는 씻어 송송 썬다.
2. 부드럽게 절여진 무는 물에 씻어 짠맛을 뺀다.
3. 찹쌀가루에 물을 넣고 풀을 끓여 주고 청홍고추는 씨를 털어낸 후 송송 썬다.
4. 부추, 송송 썬 청홍고추와 마늘 · 생강 · 설탕을 넣고 버무려서 2의 절여놓은 무에 넣어 버무린다.
5. 물 3C에 찹쌀풀을 풀어주고 소금 · 식초 · 설탕을 넣어 새콤달콤한 맛을 내준 후 2의 무와 함께 담아낸다.
6. 3일 정도 냉장보관 후 익혀서 먹는다.

028 굴깍두기

주재료 및 부재료

재료 무 1개, 굴 1cup, 쪽파 10g, 미나리 10g, 물 3T, 소금 2T

양념 A 까나리 액젓 3T, 새우젓 2T, 찹쌀풀국(찹쌀가루 1T, 물 1C) 3T, 마늘 5알, 생강 2g, 대파 (흰 부분) 5cm

양념 B 설탕 1t, 고춧가루 4T, 참깨 2g

조리방법

1. 무는 껍질째 깨끗이 씻어 2cm로 깍둑썰기 한 후 소금물(물 3T, 소금 2T)에 1시간 절여준 후 채반에 건져 물기를 뺀다.
2. 굴은 연한 소금물에 넣어 살살 흔들어 씻은 후 물기를 빼고 맑은 물이 나올 때까지 반복해서 씻어준다.
3. 양념 A를 모두 믹서에 넣는다.
4. 쪽파와 미나리는 2cm 길이로 썬다.
5. 절인 무에 고춧가루를 넣고 버무려 붉은색으로 물들인다.
6. 고춧가루로 버무린 무에 양념 A와 양념 B를 넣고 버무린 후 손질한 굴과 미나리, 쪽파를 넣고 한번 더 버무린다.

029 귤물김치

주재료 및 부재료

재료 배추 1/4포기, 무 400g, 귤 10개, 쪽파 30g, 미나리 50g, 생강 10g, 마늘 20g, 실고추 2g, 물 2cup, 굵은 소금 3T

김치국물 끓인 물(식힌 것) 10cup, 소금 2T

조리방법

1. 무와 배추는 깨끗이 씻어 2.5×2.5×0.3cm 크기로 자른다. 그 후에 소금물(물 2cup, 굵은 소금 3T)에 1시간 동안 절인다.
2. 실파와 미나리는 손질 후 2.5cm 길이로 썬다.
3. 마늘과 생강은 채로 썬다.
4. 귤은 껍질을 벗긴 후 일부는 알알이 떼고 나머지는 즙을 만든다.
5. 절여진 무와 배추에 미나리와 실파, 생강, 마늘, 귤을 모두 한데 가볍게 섞은 후 귤 즙에 김치국물을 섞어 붓고 나서 실고추를 띄운다.

030 김장김치

주재료 및 부재료

재료 배추 10 포기, 무 3개, 갓 400g, 미나리 300g, 쪽파 300g, 배 2개, 굵은 소금 15cup, 물 15L, 찹쌀풀국(찹쌀가루 1/2C, 물 1L), 다진 생강 1/2C, 고춧가루 3kg, 멸치액젓 1L, 새우젓 300g

조리방법

1. 배추는 밑동이 작은 것으로 골라 겉잎을 떼어낸 후 밑동을 자른다.
2. 배추심에 십자로 1/3 정도까지 칼집을 넣어준 후 배추심을 둥글게 도려낸다.
3. 물에 간수를 뺀 소금 10cup을 넣고 잘 녹인 후 배추를 담가 잘 적셔준다.
4. 배추심이 위로 오도록 쌓은 후 도려낸 구멍에 굵은 소금 1T를 각각 채워넣어 5시간 동안 절인다.
5. 절인 배추는 손으로 가르고 남은 굵은 소금을 켜켜이 뿌려준 다음 뒤집어서 2시간 동안 절인다.
6. 다시 2시간이 지나면 물에 배추를 헹궈 소쿠리에 밭쳐 물기를 뺀다.
7. 갓 · 미나리 · 쪽파는 씻어서 4cm길이로 썬다.
8. 배는 갈아서 즙으로 준비한다.
9. 찹쌀가루는 물에 넣고 풀어 냄비에 넣고 풀을 끓인다.
10. 무는 채를 썬다.
11. 찹쌀풀에 고춧가루 · 마늘 · 생강 · 배즙 · 소금 · 멸치액젓 · 새우젓을 넣고 버무린다.
12. 절인배추에 11의 소를 넣어 버무려 얌전하게 담는다.

031 깍두기

주재료 및 부재료

재료 무 1개, 물 3T, 굵은 소금 2T
양념 A 까나리액젓 1/2T, 새우젓 2T, 찹쌀풀국 3T, 마늘 4알, 생강 2g, 대파(흰 부분) 6cm
양념 B 고춧가루 3T, 설탕 1t, 깨소금 2t

조리방법

1. 무는 껍질째 깨끗하게 씻어 2cm 크기로 깍둑썸기 후 소금물(물 3T, 굵은 소금 2T)에 1시간 동안 절인다.
2. 절여진 무는 헹구지 않고 그대로 채반에 건져 물기를 뺀다.
3. 믹서에 양념 A를 넣고 곱게 간다.
4. 절인 무에 고춧가루를 넣고 버무려 붉은색으로 물들인다.
5. 고춧가루와 버무린 무에 믹서로 갈아준 양념 A와 설탕, 깨소금을 넣어 버무린다.

032 깻잎간장장아찌

주재료 및 부재료

재료 깻잎 20묶음, 청양고추 2개, 홍고추 2개, 마늘 1통
절임장 물 2cup, 조선간장 1/4cup, 진간장 1/2cup, 대파 1/2cup, 국물용 멸치 8마리, 다시마 (5cm) 1장, 설탕 2T

조리방법

1. 냄비에 절임장 재료를 모두 넣어 20분 동안 끓인 후 건더기를 걸러 식힌다.
2. 깻잎은 한 장씩 흐르는 물에 깨끗이 씻어 물기를 제거한다.
3. 마늘은 편으로 썰고, 고추는 어슷 썰어 준비한다.
4. 용기에 깻잎과 마늘, 홍고추와 청양고추를 켜켜이 담은 후 깻잎이 위로 뜨지 않도록 무거운 것으로 누른다.
5. 식혀 놓은 절임장을 용기에 붓는다.

033 깻잎롤김치

주재료 및 부재료

재료 깻잎 10 묶음, 양파 1/3개, 부추 10g, 당근 25g, 물 3cup, 굵은 소금 2T

양념 고춧가루 5T, 까나리액젓 1.5, 간장 3T, 매실엑기스 3T, 설탕 1t, 다시마 물 3T, 다진 마늘 1T, 다진 파 1T, 생강즙 1T, 통깨 1T

조리방법

1. 깻잎은 한 장씩 흐르는 물에 씻어 소금물 (물 3cup, 굵은소금 2T)에 넣고 위로 떠오르지 않도록 무거운 것으로 눌러 15분 동안 절이고, 중간에 채 썬 양파도 함께 넣어 살짝 절인다 .
2. 부추는 송송 썰고, 당근은 채 썰어 준비한다.
3. 절인 깻잎과 양파는 물기를 제거한다.
4. 볼에 양념 재료를 모두 넣어 고루 섞은 후 절인 양파와 부추, 당근을 넣어 잘 섞는다.
5. 절인 깻잎을 한 장씩 깔고 양념한 재료는 절인 깻잎 안에 넣고 돌돌 말아준다.

034 깻잎무초절임

주재료 및 부재료

재료 깻잎 30장, 쌈 무 30장
절임물 식초 1cup, 설탕 1/2cup, 구운 소금 2T

조리방법

1. 깻잎은 흐르는 물에 한 장씩 씻어 꼭지를 짧게 자른다.
2. 저장할 용기에 깻잎과 쌈 무를 번갈아 가며 쌓아 올린다.
3. 냄비에 절임물 재료 중 식초를 제외하고 모두 넣어 팔팔 끓이고 식힌 뒤 식초를 넣어 섞는다.
4. 깻잎과 무를 무거운 것으로 눌러준 후 식힌 절임물을 붓는다.

035 꼴뚜기무생채

주재료 및 부재료

재료 무 1개, 굵은 소금 1/2cup, 꼴뚜기 200g, 배 1/4 개, 실파 50g, 미나리 50g, 고춧가루 1/2cup

양념 고춧가루 1/2cup, 다진 마늘 2T, 다진 생강 1t, 소금 2g

조리방법

1. 무와 배는 깨끗이 씻은 후 6cm로 채 썰어 굵은 소금으로 절여준 후 물기를 뺀다.
2. 미나리, 실파는 깨끗이 다듬고 5cm 길이로 썬다.
3. 양념 재료를 모두 섞어 양념을 만든다.
4. 절일 무채에 고춧가루를 넣어 붉은물을 들인다.
5. 양념과 무채, 미나리, 실파, 꼴뚜기, 배를 모두 섞어 버무린다.

036 나박김치

주재료 및 부재료

재료 배추 120g, 무 300g, 쪽파 10g, 홍고추 1개, 마늘 2알, 사과 1개

김치국물 물 5cup, 찹쌀풀국 (찹쌀 1T, 물 1cup)2T, 새우젓국물 1T, 고춧가루 2T, 매실엑기스 1/2T, 구운 소금 1/2T

조리방법

1. 배추는 노란 속대만 준비해 한 입 크기로 썬다. 무는 배추와 같은 크기로 나박 썰기 한다. 사과도 무와 같은 크기로 썬다.
2. 쪽파는 배추 길이에 맞춰 썰고 , 마늘은 가늘게 채 썬다.
3. 고추는 어슷 썬다.
4. 면보에 고춧가루를 넣고 생수에 담가 고춧물을 우린 후 찹쌀풀국, 새우젓 국물, 매실엑기스, 소금으로 간을 한다.
5. 4에 배추와 무, 사과, 쪽파, 마늘, 고추를 넣고 가볍게 섞는다.

037 냉면김치

주재료 및 부재료

재료 무 100g, 소금 1/2t, 설탕 1T
양념 고운 고춧가루 1T, 생강즙 1/4t, 식초 2T

조리방법

1. 무는 깨끗이 씻어 편을 썬 뒤 채썰어 준비한다.
2. 채 썬 무에 소금과 설탕을 뿌린 후 20분 동안 절인다.
3. 절이면서 나온 국물은 그대로 두고 절인 무에 고운 고춧가루를 섞어 고춧물을 들인다.
4. 3에 식초와 생강즙을 넣어 버무린다.

038 노각김치

주재료 및 부재료

재료 노각 1개, 부추 20g, 쪽파 10g, 굵은 소금 1/2T

양념 고춧가루 2T, 까나리액젓 1T, 다시마 물 2T, 다진 마늘 1/2T, 깨소금 1/2t, 매실액 1t

조리방법

1. 노각은 필러를 이용해 껍질을 벗긴다.
2. 껍질을 벗긴 노각을 반을 잘라 숟가락을 이용해 씨를 파낸다.
3. 씨를 제거한 노각을 어슷 썰어 소금을 뿌리고 15분 동안 절인 후 물기를 짠다.
4. 양념 재료를 모두 섞어 김치 양념을 만든다.
5. 부추와 쪽파는 4cm 길이로 썬다.
6. 볼에 노각과 부추, 쪽파를 넣고 김치 양념을 섞어 버무린다.

039 노각물김치

주재료 및 부재료

재료 노각 1/2개, 쪽파 10g, 설탕 1/2T, 굵은 소금 1/2t

김치 국물 물 2cup, 찹쌀풀국 (찹쌀 1T, 물 1cup) 2T, 구운 소금 1t, 양파 1/4개, 마늘 2알, 생강 2g, 홍고추 2개

조리방법

1. 노각은 필러로 껍질을 벗긴 후 반을 갈라 숟가락을 이용해 씨를 긁어내고 어슷썰어 준비한다.
2. 어슷 썬 노각을 소금과 설탕에 넣고 30분 동안 절인 후 노각에 생긴 국물은 따로 분리해 보관한다.
3. 쪽파는 3cm 길이로 썬다.
4. 양파, 마늘, 생강, 홍고추와 약간의 물을 부어 믹서에 갈아 김치 국물을 만든다.
5. 믹서에 간 김치 국물은 노각을 절이면서 생긴 국물과 섞어 소금으로 간한다.
6. 절인 노각과 쪽파를 넣은 후 김치 국물을 넣는다.
7. 홍고추는 송송 썰어서 씨를 빼고 띄운다.

040 늙은호박배추김치

주재료 및 부재료

재료 배추 2포기, 무 1/3개, 미나리 100g, 갓 150g, 쪽파 100g, 찹쌀 50g, 맛국물 5cup, 늙은 호박 100g, 물 3L, 굵은 소금 3cup

양념 고춧가루 3cup, 초피액젓 10T, 새우젓 5T, 갈치속젓 5T, 다진 마늘 1T, 다진 생강 1T

조리방법

1. 찹쌀은 물에 3시간 정도 불린 후 물기를 빼고 냄비에 맛국물과 껍질을 벗긴 늙은 호박을 넣어 함께 끓이고 중불에서 30분 동안 쑤어 식힌다.
2. 배추는 밑동을 도려내 1/3 정도까지만 칼집을 넣어 4등분한다.
3. 배추를 9시간 동안 절인 후(물 3L, 굵은 소금 3cup) 헹구어 소쿠리에 밭쳐 물기를 뺀다.
4. 무는 채를 썰어 고춧가루에 버무린 후 늙은 호박 찹쌀 죽을 넣어 버무린다.
5. 미나리, 갓, 쪽파는 3cm 길이로 썰어 4에 넣고 초피액젓, 새우젓, 갈치속젓, 다진 마늘, 다진 생강을 넣고 잘 버무려 소를 만든다.
6. 배추에 켜켜이 소를 넣은 후 실온에 3일간 두었다가 냉장 보관한다.

041 단감김치

주재료 및 부재료

재료 단감 3개, 쪽파 20g
양념 고춧가루 2T, 찹쌀죽 2T, 생강죽 2T

조리방법

1. 단감은 단단한 것을 골라 물에 소금을 슴슴하게 풀어 씻어 건져 준비한다.
2. 준비한 감은 껍질을 벗긴 후 3cm×3cm 크기로 썬다
2. 쪽파는 송송 썬다.
4. 볼에 단감과 쪽파, 그리고 양념 재료를 모두 섞어 잘 버무린다.
5. 잘 버무린 단감 김치는 하루 숙성시킨 후 냉장 보관하여 낸다.

042 단풍깻잎김치

주재료 및 부재료

재료 삭힌 단풍깻잎 5단
양념 A 맛국물 1L, 간장 5T, 초피액젓 10T, 조청 3T
양념 B 고춧가루 1cup, 다진 마늘 3T, 다진 생강 1/2T, 통깨 2T

조리방법

1. 삭힌 단풍깻잎을 한 장씩 흐르는 물에 씻어 냄비에 물 2L와 함께 넣어 30분 동안 삶는다.
2. 삶아 삭힌 단풍깻잎을 찬물에 헹구어 물기가 없도록 꼭 짠다.
3. 깻잎의 꼭지를 가위로 자른다.
4. 냄비에 양념 A를 모두 넣고 15분 동안 끓인 후 식힌다.
5. 양념 A에 양념 B 재료를 모두 섞는다.
6. 깻잎을 2~3 장씩 포개어 양념을 켜켜이 바르는 과정을 반복한 다음 김치통에 담아 냉장 보관한다.

043 단풍콩잎김치

주재료 및 부재료

재료 삭힌 단풍콩잎 5단
양념 A 맛국물 8cup, 간장 1cup, 초피액젓 1/2cup, 조청 4T
양념 B 고춧가루 2cup, 다진 마늘 5T, 다진 생강 1T, 통깨 3T

조리방법

1. 삭힌 콩잎은 한 장씩 깨끗이 씻은 후 끓는 물에 40분 동안 삶는다.
2. 삶은 콩잎은 찬물로 여러 번 헹군 후 물기를 꼭 짜 준다.
3. 냄비에 양념 A를 넣은 후 15분 동안 끓여 식힌다.
4. 끓여 식힌 양념 A와 양념 B를 섞는다.
5. 콩잎을 2~3장씩 포개어 양념을 고루 바르는 과정을 반복하여 김치통에 담아 냉장 보관한다.

044 달래겉절이

주재료 및 부재료

재료 달래 100g
양념 고춧가루 1T, 초피액젓 2T, 식초 1T, 매실청 1T, 깨소금 1T

조리방법

1. 달래는 깨끗이 다듬은 후 물에 씻어 물기를 뺀다.
2. 달래를 5cm 길이로 썬다.
3. 양념 재료를 모두 섞어 양념을 만든다.
4. 볼에 달래를 넣고 양념을 버무려준 다음 상에 낸다.

045 달래고추씨장아찌

주재료 및 부재료

재료 달래 3묶음
절임장 다시마 물 4cup, 물 2cup, 간장 1cup, 설탕 1/2cup, 멸치액젓 3T, 고추씨 1T, 다시마 (5cm) 1장

조리방법

1. 달래는 깨끗이 손질한 후 물에 씻어 물기를 뺀다.
2. 달래를 먹기 좋은 크기로 뭉쳐 한 묶음으로 타래를 틀어 준비한다.
3. 용기에 달래를 넣는다.
4. 냄비에 절임장 재료를 모두 넣어 팔팔 끓인 후 약불로 5분 정도 더 끓여 다시마는 건져 내고 차갑게 식힌다.
5. 3번에 식힌 절임장을 부어 준다. 이 때 달래가 떠오르지 않도록 무거운 것을 얹는다.

046 달래김치

주재료 및 부재료

재료 달래 2묶음

양념 고춧가루 3.5T, 까나리액젓 2T, 설탕 1T, 다진 마늘 1T, 찹쌀풀국 2T, 다시마 물 1T, 통깨 1t

조리방법

1. 달래는 깨끗이 손질한 후 흐르는 물에 잘 씻어 건진다.
2. 양념 재료를 모두 섞어 양념을 만든다.
3. 손질한 달래에 양념을 넣고 버무려 숨이 죽도록 잠시 둔다.
4. 한 입에 먹기 좋도록 2~3 줄기씩 묶어 타래를 틀어 용기에 담는다.
5. 하루 숙성시킨 다음 냉장 보관한다.

047 닭물김치

주재료 및 부재료

재료 영계 1마리, 열무김치 500g, 얼음 200g, 소고기 100g
양념 고추장 1T, 간장 1/2T, 설탕 3T, 다진 파 10g, 깨소금 2g, 식초 3T, 소금 1/2T

조리방법

1. 영계는 배를 갈라 깨끗이 씻어 준비한다.
2. 소고기는 곱게 다진 후 고추장, 깨소금, 다진 파, 간장을 넣고 양념에 덩어리로 만든 후 닭 뱃속에 넣고 조리용 실로 꿰멘다.
3. 냄비에 2를 넣고 잠길 만큼 물을 부은 후 삶는다.
4. 삶은 닭은 살만 찢어 준비하고 육수는 식혀서 면포에 걸러 준다.
5. 닭 육수에 간장, 식초, 설탕으로 맛을 내고 열무 김칫국물을 섞어 간을 맞춘다.
6. 그릇에 잘 익은 열무김치와 찢은 닭살을 번갈아 담고 4를 붓는다.

048 당근김치

주재료 및 부재료

재료 당근 500g, 물 2cup, 굵은 소금 3T, 찹쌀풀 (찹쌀 가루 2T, 물 1cup)

양념 고춧가루 3T, 다진 마늘 3T, 다진 생강 1T, 쪽파 50g, 멸치액젓 3T, 설탕 1T, 소금 2g, 통깨 2g, 굵게 저민 청고추 2T

조리방법

1. 당근은 깨끗이 씻어 손질한 후 골패 모양으로 썰어 소금물(물 2cup, 굵은 소금 3T)에 절인다.
2. 쪽파는 4cm 길이로 자른다.
3. 멸치액젓에 찹쌀풀, 고춧가루, 다진 마늘, 다진 생강을 넣고 양념을 만든다.
4. 절여진 당근을 건져서 물기를 제거하고 양념을 넣고 잘 버무린 후 소금으로 간하여 다시 쪽파와 통깨를 넣고 버무린다.

049 대추배추김치

주재료 및 부재료

재료 배추 2포기, 무 1/2개, 갓 150g, 미나리 100g, 쪽파 100g, 물 3L, 굵은 소금 3cup, 찹쌀 100g, 맛 국물 5cup, 대추 150g

양념 고춧가루 3cup, 초피액젓 10T, 새우젓 5T, 다진 마늘 4T, 다진 생강 1T

조리방법

1. 냄비에 불린 찹쌀과 맛국물을 함께 넣어 중불에서 20분 동안 주걱으로 저어 가며 쑤어 식힌다.
2. 배추는 밑동을 도려내고 1/3 정도까지 4등분으로 칼집을 넣는다.
3. 절임물(물 3L, 굵은 소금 3cup)에 배추를 9시간 동안 절인 후 헹구어 소쿠리에 밭쳐 물기를 뺀다.
4. 무는 채를 썰고 대추는 씨를 빼서 채를 썰어 찹쌀죽과 함께 섞는다.
5. 갓, 미나리, 쪽파는 3cm 길이로 썬 후 4에 담고 양념 재료와 함께 버무려 소를 만든다.
6. 절인 배추 사이에 소를 채워 돌돌 만다음 실온에서 5일 동안 익힌 후 냉장 보관한다.
7. 상에 낼 때 돌돌만 대추배추김치는 먹기 좋은 크기로 썬다.

050 대추인삼말이김치

주재료 및 부재료

재료 대추 20알, 인삼(소) 5뿌리, 대파 1뿌리, 굵은 소금 약간, 찹쌀가루 1/2cup, 맛국물 1cup
양념 고춧가루 1/4cup, 갈치 액젓 3T, 새우젓 1T, 다진 마늘 2T, 다진 생강 1T

조리방법

1. 볼에 맛국물과 찹쌀풀을 섞어 준비한다.
2. 대파는 씻어 어슷 썰고 양념재료와 찹쌀물을 섞어 버무린 후, 소를 만든다.
3. 대추는 씻어 면보로 닦은 다음 돌려 깎기 한 후 소금을 살짝 뿌려 간을 한다.
4. 인삼은 씻어 5cm 길이로 썰어 소금을 살짝 뿌려 간한 다음 건져놓는다.
5. 간한 인삼과 대추는 소를 넣어 잘 버무린 후 대추 속에 인삼을 넣어 돌돌 말아낸다.

051 더덕김치

주재료 및 부재료

재료 더덕 600g, 쪽파 50g, 찹쌀가루 3T, 맛국물 1cup, 들깻가루 2T
양념 고춧가루 3T, 다진 마늘 1T, 다진 생강 1/4T, 초피액젓 5T, 매실청 1T

조리방법

1. 더덕은 껍질을 벗긴 후 어슷 썬 다음 방망이로 밀어 준비한다.
2. 냄비에 찹쌀가루와 맛국물, 들깻가루를 잘 저어 가며 찹쌀풀을 쑤어 식힌다.
3. 쪽파는 송송 썬다.
4. 볼에 더덕, 쪽파, 찹쌀풀, 그리고 양념 재료를 모두 넣은 후 고루 버무린다.

052 더덕생채

주재료 및 부재료

재료 더덕 5개, 물 1cup, 굵은 소금 1T
양념 고춧가루 1T, 식초 1T, 설탕 1/2T, 구운 소금 1/2T, 다진 마늘 2g, 통깨 2g

조리방법

1. 더덕은 깨끗이 손질해 껍질을 벗긴 뒤 납작하게 어슷 썬 다음 방망이로 밀어 준비한다.
2. 손질한 더덕을 소금물(물 1cup, 구운 소금 1T)에 15분 동안 절인 후 채반에 건져 물기를 뺀다.
3. 양념 재료를 모두 섞어 양념을 만든다.
4. 손질한 더덕에 양념을 넣고 고루 버무린다.

053 더덕장아찌

주재료 및 부재료

재료 더덕 400g, 물 4cup, 굵은 소금 4T

양념 고추장 1/2cup, 설탕 1/4cup, 매실액 3T, 통깨 1T

조리방법

1. 더덕은 깨끗이 손질 후 껍질을 깎아 납작하게 썬다.
2. 손질한 더덕은 소금물 (물 4cup, 굵은 소금 4T)에 20분 동안 절인 후 물기를 제거한다.
3. 더덕을 밀대로 살살 두드려 얇게 펴 결대로 찢은 후 하루 정도 그늘에서 꾸덕하게 말린다.
4. 꾸덕하게 말린 더덕에 양념 재료를 모두 넣고 버무린다.

054 더덕오이김치

주재료 및 부재료

재료 더덕 300g, 오이 1개, 쪽파 30g, 찹쌀가루 3T, 맛국물 1cup
양념 고춧가루 4T, 다진 마늘 1T, 다진 생강 1/4T, 갈치액젓 5T

조리방법

1. 더덕은 껍질을 벗긴 후 5cm 길이로 나박썰어 준비한다.
2. 오이는 소금물에 씻은 후 더덕과 같은 크기로 썰어 소금에 실짝 절여 건진다.
3. 쪽파는 송송 썬다.
4. 볼에 더덕, 오이, 쪽파, 찹쌀풀을 넣고 양념 재료를 넣은 후 고루 버무린다.

055 더덕오이물김치

주재료 및 부재료

재료 더덕 300g, 오이 2개, 찹쌀가루 3T, 맛국물 1cup, 쪽파
양념 고춧가루 2T, 다진 마늘 1T, 다진 생강 1T, 죽염, 매실정 3T

조리방법

1. 더덕은 손질하여 껍질을 벗긴다.
2. 냄비에 찹쌀가루와 맛국물을 넣어 저으면서 찹쌀풀을 쑤어 식힌다.
3. 쪽파는 송송 썬다.
4. 오이는 씻어 가로로 4등분하여 4cm 길이로 썰어주고 더덕과 함께 그릇에 담고 육수를 붓는다.
5. 거즈에 다진 마늘, 생강, 고춧가루를 넣고 4.에 조물조물 색과 맛을 내준 후 매실청과 소금으로 간을 하고 썰어놓은 파를 올려준다.

주재료 및 부재료

재료 도라지 1kg, 미나리 100g, 쪽파 100g, 물 2cup, 굵은 소금 1/2cup, 맛국물 1cup, 찹쌀가루 3T, 들깻가루 2T

양념 고춧가루 4T, 다진 마늘 2T, 다진 생강 1/4T, 초피액젓 3T, 매실청 3T

조리방법

1. 도라지는 껍질을 벗기고 4cm 길이로 썬 후 세로로 반을 가른다.
2. 도라지를 절임물 (물 2cup, 굵은 소금 1/2cup)에 1시간 동안 절인 후 잘 헹구어 물기를 뺀다.
3. 미나리와 쪽파는 4cm 길이로 썬다.
4. 냄비에 맛국물, 찹쌀가루, 들깻가루를 잘 저으며 끓여 찹쌀풀을 쑤어 식힌다.
5. 볼에 도라지, 미나리, 쪽파, 찹쌀풀, 양념 재료를 모두 섞어 버무린다.

057 돌미나리물김치

주재료 및 부재료

재료 돌미나리 200g, 당근 50g, 쪽파 5g, 오이 1/2개, 홍고추 1개

김치 국물 물 5cup, 찹쌀풀국 2T, 고춧가루 2T, 다진 마늘 1/2T, 구운 소금 3T, 설탕 1ts

조리방법

1. 돌미나리는 깨끗이 손질하여 잎을 떼어내고 4cm 길이로 썬다.
2. 오이는 소금으로 겉면을 문질러 씻은 후 반으로 갈라 어슷썰고 쪽파는 4cm 길이로 썰고, 당근도 같은 크기로 썬다.
3. 거름망에 고춧가루를 넣고 생수에 넣어 고춧물을 우린 후 찹쌀풀국, 다진 마늘, 소금, 설탕을 넣어 간을 한다.
4. 김치국물에 돌미나리, 오이, 당근, 쪽파, 고추를 넣어 잘 섞는다.

058 돌미나리겉절이

주재료 및 부재료

재료 돌미나리 100g
양념 고춧가루 1T, 초피액젓 2T, 매실청 1T, 식초 1T, 참기름 1T, 깨소금 1T

조리방법

1. 돌미나리는 깨끗이 씻은 후 물기를 제거하고 5cm 길이로 썬다.
2. 볼에 양념 재료를 모두 섞어 양념을 만든다.
3. 돌미나리에 양념을 버무린다.

059 돌산갓김치

주재료 및 부재료

재료 갓 1단, 굵은 소금 1/2cup

양념 고춧가루 1/2cup, 찹쌀풀국 1/2cup, 다시마 물 1/4cup, 멸치액젓 4T, 마늘 6알, 생강 5g, 깨소금 1T

조리방법

1. 갓은 깨끗이 손질하여 흐르는 물에 잘 씻은 후 소금을 뿌려 2시간 동안 절인다.
2. 절인 갓을 헹군 후 채반으로 물기를 뺀다.
3. 마늘, 생강, 멸치액젓을 믹서에 넣고 간다.
4. 볼에 3을 넣고 나머지 양념 재료를 넣어 섞어 양념을 만든다.
5. 양념이 담긴 볼에 갓을 넣어 버무린다.

060 동치미

주재료 및 부재료

재료 작은 무 7개, 갓 20g, 쪽파 10g, 청각 불린것 20g, 삭힌 고추 8개, 굵은 소금 1/2cup
동치미 국물 A 물 4.5L, 구운 소금 1T
동치미 국물 B 배 1개, 사과 1/4개, 마늘 10알, 생강 15g

조리방법

1. 작은무는 잎을 손질하여 떼어 준 후 상처가 나지 않도록 행주 등으로 문질러 흙을 제거하고 물로 깨끗이 헹군다.
2. 무에 굵은 소금을 전체적으로 뿌려 김치통에 담아 뚜껑을 닫고 이틀동안 절인다.
3. 쪽파와 갓은 지저분한 줄기와 잎을 잘 손질한 뒤 깨끗이 씻고, 소금을 뿌려 1시간 동안 절인다.
4. 절인 쪽파와 갓을 물로 헹군 뒤 꼭 짜서 준비한다.
5. 삭힌 고추와 청각은 물로 잘 세척한 뒤 물기를 닦아 준비한다.
6. 믹서에 동치미 국물 B를 넣고 잘 갈아준다.
7. 동치미 국물 A에 믹서로 갈아준 동치미 국물 B를 체에 걸러준다. 이때 간은 소금으로 한다.
8. 무를 절인 통에 쪽파와 삭힌 고추, 갓, 청각을 넣고 동치미 국물을 붓는다.

061 두릅물김치

주재료 및 부재료

재료 두릅 250g, 배 1/2개, 양파 1개, 물 2cup, 굵은 소금 2T, 물 1L, 밀가루 1T
양념 고운 고춧가루 1T, 다진 마늘 1T, 다진 생강 1/4T, 초피액젓 3T, 고운 소금 1T

조리방법

1. 두릅은 칼로 밑동을 자른 뒤 손으로 떡잎을 다듬는다.
2. 소금물(물 2cup, 굵은 소금 2T)에 1시간 동안 두릅을 절인다.
3. 밀가루풀물(물 1L, 밀가루 1T)을 쑤어 식힌다.
4. 배를 강판으로 간 뒤 면포로 꼭 짠다.
5. 절인 두릅을 물로 헹군 뒤 물기를 제거하고 한 잎씩 떼어준다.
6. 양파는 채 썰어준다.
7. 밀가루풀물에 고춧가루를 섞고 거름망으로 걸러준 다음 다진 마늘과 다진 생강을 베주머니에 담아 넣는다.
8. 배즙, 초피액젓, 고운 소금, 두릅과 양파를 넣고 잘 버무린 후 12 시간 동안 실온에서 익히고 냉장 보관한다.

062 래디시김치

주재료 및 부재료

재료 래디시 200g, 쪽파 10g, 홍고추 1/2개

김치국물 물 3cup, 양파 1/6개, 마늘 3알, 생강 3g, 사과 1/4개, 구운 소금 1t, 설탕 1/2t

조리방법

1. 래디시는 깨끗하게 씻은 뒤 줄기를 4cm 길이로 썰고, 뿌리는 모양을 살려 얇게 썬다.
2. 쪽파는 4cm 길이로 자르고 홍고추는 송송 썬다.
3. 사과, 양파, 마늘, 생강을 약간의 물과 함께 믹서에 간다.
4. 김치국물(물 3cup, 구운 소금 1T, 설탕 1/2T)에 믹서로 간 양념 재료를 면보로 싸서 적셔 가며 꼭 짠다.
5. 김치국물에 소금과 설탕으로 간을 맞춘 후 래디시와 쪽파, 홍고추를 넣는다.

063 래디시소박이

주재료 및 부재료

재료 래디시 200g, 쪽파 30g, 홍고추 1개
소스 다시마 물, 양파, 마늘, 생각, 사과, 죽염, 설탕

조리방법

1. 래디시는 깨끗하게 씻은 뒤 줄기는 잘라내고 6등분하여 살짝 간한다.
2. 쪽파와 홍고추 양파는 굵게 다져 준비한다.
3. 사과, 마늘, 생강은 다시마 물을 넣어 믹서에 간다.
4. 굵게 다져 준비한 양파, 홍고추는 소스에 버무려 래디시 속에 넣는다.

064 마깍두기

주재료 및 부재료

재료 마 600g, 쪽파 50g, 당근 50g, 배 1/2개
양념 고춧가루 2T, 다진 마늘 1T, 다진 생강 1/4T, 초피액젓 2T, 새우젓 1T

조리방법

1. 필러로 마 껍질을 제거한다.
2. 껍질을 벗긴 마는 3cm 두께로 썬다.
3. 쪽파와 당근은 1cm 크기로 썬다.
4. 배는 강판에 갈아 배즙을 내준다.
5. 양념 재료를 모두 섞어 양념을 만든다.
6. 볼에 마, 쪽파, 당근과 배즙을 양념으로 버무린 후 1시간 동안 익히고 냉장 보관한다.

065 마늘고추장아찌

주재료 및 부재료

재료 깐마늘 600g, 고추장 2cup
절임물 물 2cup, 식초 1/4cup, 굵은 소금 2T

조리방법

1. 마늘은 잘 손질한 뒤 용기에 담는다.
2. 물과 소금을 끓여 차갑게 식힌 소금물을 1에 넣은 후 식초를 넣고 뚜껑을 닫아 그늘진 곳에 일주일 동안 마늘이 노랗게 될 때까지 삭힌다.
3. 삭은 마늘에 절임물을 따라내고 면보로 잘 비벼 말린다.
4. 볼에 삭힌 마늘과 고추장을 넣고 버무린다.

066 마늘종김치

주재료 및 부재료

재료 마늘종 500g, 물 1L, 굵은 소금 1cup, 맛국물 1cup, 찹쌀가루 3T
양념 고춧가루 3T, 다진 마늘 1/2T, 집간장 5T, 매실청 3T, 통깨 1T

조리방법

1. 마늘종 끝 마디는 질기므로 자른다.
2. 마늘종은 4cm 길이로 썬 후 소금물 (물 1L, 굵은 소금 1cup)에 6시간 동안 절인다 .
3. 절인 마늘종은 물로 헹군 뒤 물기를 뺀다.
4. 찹쌀풀 (맛국물 1cup, 찹쌀가루 3T)은 쑤어 식힌다.
5. 찹쌀풀에 양념 재료를 모두 넣고 섞는다.
6. 마늘종에 양념을 버무린 뒤 하루 동안 실온에 익힌 후 냉장 보관한다.

067 마늘종고추장아찌

주재료 및 부재료

재료 마늘종 250g, 고추장 2cup
절임장 물 4cup, 굵은 소금 4T, 식초 1/4t

조리방법

1. 마늘종 끝마디는 질기므로 잘라낸 후 4cm 길이로 썬다.
2. 용기에 마늘종을 담은 뒤 끓여 식힌 소금물(물 4cup, 굵은 소금 4T)에 식초를 섞는다.
3. 마늘종이 떠오르지 않도록 무거운 것으로 눌러 밀봉한 뒤 일주인 동안 삭힌다.
4. 노랗게 삭은 마늘 쫑은 꺼내어 물기를 말린 후 고추장에 버무린다.

068 마늘종식초간장장아찌

주재료 및 부재료

재료 마늘종 100g, 땡초고추 7개
절임장 식초 1cup, 설탕 1/2cup, 물 1/2cup, 까나리액젓 1T, 다시마 (4cm) 1장

조리방법

1. 마늘종 끝마디는 질기므로 잘라낸 후 4cm 길이로 썬다.
2. 땡초고추는 흐르는 물에 헹궈 물기를 제거한다.
3. 용기에 마늘종과 고추를 담는다.
4. 냄비에 절임장 재료를 모두 넣고 끓인 뒤 다시마는 건진다.
5. 용기에 뜨거운 절임장을 붓는다.

069 매실장아찌

주재료 및 부재료

재료 매실 1kg, 설탕 0.8kg
양념 설탕절임매실 1cup, 고추장 2T, 다진 마늘 1t, 다진 파 1t, 통깨 2g, 소금 2g, 참기름 2g

조리방법

1. 매실을 채반에 넣어 흐르는 물에 씻은 후 물기를 말린 다음 이쑤시개를 이용해 배꼽 부분에 꼭지를 떼어 내고 먹기 좋은 크기로 자른다.
2. 설탕과 매실을 잘 버무린 후 용기에 매실을 먼저 담고 그 위에 남은 설탕을 두껍게 얹은 후 밀봉한다.
3. 한 달 동안 숙성시킨 뒤 매실 건더기만 꺼내 매실액이 빠지도록 하고 양념 재료를 모두 넣어 잘 버무린다.

070 머위김치

주재료 및 부재료

재료 머위 150g, 쪽파 30g, 물 1/2cup, 굵은 소금 2T, 맛국물 1/2cup, 찹쌀가루 1T
양념 고춧가루 2T, 다진 마늘 1T, 다진 생강 1/4T, 초피액젓 2T, 매실청 2T

조리방법

1. 머위는 어린 잎으로 준비하여 한 장씩 흐르는 물에 잘 씻은 뒤 소금물(물 1/2cup, 굵은 소금 2T) 에 30분 동안 절인 후 체에 받쳐 물기를 뺀다.
2. 양념 재료를 모두 섞어 양념을 만든 후 머위와 함께 버무리고 실온에서 8시간 동안 익힌 뒤 냉장 보관한다.

071 명이김치

주재료 및 부재료

재료 명이 250g, 쪽파 30g, 물 2cup, 굵은 소금 2T, 맛국물 1/2cup, 찹쌀가루 2T
양념 고춧가루 2T, 다진 생강 1/4T, 초피액젓 1T, 새우젓 1/2T

조리방법

1. 명이는 깨끗이 손질한 후 소금물(물 1/2cup, 굵은 소금 2T)에 1시간 동안 절인다.
2. 찹쌀풀(맛국물 1/2cup, 찹쌀가루 2T)을 쑤어 식힌 후 양념 재료를 모두 섞어 양념을 만든다.
3. 절인 명이를 깨끗이 헹군 후 먹기 좋은 길이로 썬다.
4. 쪽파는 4cm 길이로 썬다.
5. 볼에 명이와 쪽파, 양념을 함께 버무린 후 실온에서 12시간 동안 익히고 냉장 보관한다.

072 묘삼김치

주재료 및 부재료

재료 묘삼 200g, 사과 1/4개, 쪽파 50g, 물 2T, 굵은 소금 1T, 물 1/2cup, 찹쌀가루 2T
양념 고춧가루 2T, 다진 마늘 1T, 다진 생강 1/4T, 초피액젓 2T

조리방법

1. 묘삼은 머리를 떼어 낸다.
2. 사과는 깨끗이 씻은 후 껍질째 채썬다.
3. 볼에 묘삼과 사과를 넣고 소금물 (물 2T, 굵은 소금 1T)에 30분 동안 절인다.
4. 쪽파는 3cm 길이로 썬다 .
5. 찹쌀풀(물 1/2cup, 찹쌀가루 2T)을 쑤어 식힌다.
6. 식힌 찹쌀풀에 양념 재료를 모두 넣고 묘삼과 사과를 넣어 잘 버무린다.

073 무고추장아찌

주재료 및 부재료

재료 무 1/2개, 청양고추 5개, 홍고추 2개, 마늘 5알
절임장 진간장 2/3cup, 청주 2T, 식초 1cup, 설탕 1/2cup, 물 1cup

조리방법

1. 무는 껍질을 벗긴 뒤 3cm×1cm 크기로 썬다.
2. 고추는 어슷 썰고 마늘은 편 썬다
3. 냄비에 절임장 재료를 모두 넣고 팔팔 끓인다.
4. 용기에 무와 고추, 마늘을 넣고 뜨거운 절임장을 부어 완전히 식힌 뒤 무거운 것으로 눌러 주고 냉장고에 보관한다.

074 무국화김치

주재료 및 부재료

재료 무 1개, 굴 200g, 홍고추 1개
절임장 물 2cup, 식초 3T, 설탕 3T, 소금 4T, 국화잎 10잎

조리방법

1. 무는 껍질을 벗긴 뒤 4cm 길이로 토막 낸 후 돌려깎기하여 15cm 길이로 잘라 절임장에 절인다.
2. 홍고추는 배를 갈라 씨를 뺀 후 채 썬다.
3. 절인 무는 3장씩 겹쳐 놓고 3mm 간격으로 2cm 칼집을 넣는다.
4. 칼집을 넣은 무를 1장씩 펴 놓고 붉은 고추를 넣어 돌돌 말아 칼집을 넣은 부분을 손으로 펴서 국화꽃을 만든다.
5. 접시에 무국화김치를 올려 놓고 중앙에 굴을 담는다.

075 무말랭이고춧잎장아찌

주재료 및 부재료

재료 무말랭이 200g, 건고춧잎 200g, 물 2cup, 소금 1T
양념 고추장 2/3cup, 매실액기스 2T, 올리고당 2T, 통깨 1t

조리방법

1. 무말랭이는 바락바락 주물러 씻어 묵은 내를 없애고 소금물(물 2cup, 소금 1T)에 2시간 동안 불린 후 물기를 짠다.
2. 건고춧잎은 찬물에 넣고 삶은 뒤 다시 찬물로 헹궈 물기를 꼭 짠다.
3. 양념 재료를 모두 섞어 양념을 만든다.
4. 불린 무말랭이와 고춧잎에 양념을 넣고 잘 버무린다.

076 무말랭이김치

주재료 및 부재료

재료 무말랭이 70g, 청양고추 1개, 홍고추 1개, 쪽파 5g, 물 2cup, 굵은 소금 1T
양념 고춧가루 2T, 까나리액젓 1T, 올리고당 1T, 다진 마늘 1T, 다시마 물 1T, 통깨 1t

조리방법

1. 무말랭이는 박박 비벼가며 씻어 소금물(물 2cup, 굵은 소금 1T)에 30분 동안 불린 후 건져내 실온에서 30분 동안 더 불리고 물기를 꼭 짠다.
2. 고추는 반으로 갈라 씨를 제거한 후 어슷 썬다.
3. 쪽파는 4cm 길이로 썬다.
4. 재료를 모두 섞어 양념을 만든다.
5. 무말랭이와 고추, 쪽파를 양념으로 잘 버무린다.

077 무묶음김치

주재료 및 부재료

재료 무 2개, 오이지 3개, 밤 10개, 미나리 50g, 마른 북어 2마리, 실파 30g, 물 2cup, 굵은 소금 1T

양념 고춧가루 1cup, 마늘 1통, 생강 15g, 멸치젓 4T, 통깨 5g, 실고추 2g

조리방법

1. 무는 깨끗이 씻은 후 10cm 길이로 토막을 낸 다음 0.4cm 길이로 썰어 소금물(물 2cup, 굵은 소금 1T)에 절인다.
2. 오이지는 3일 정도 우려서 짠 물을 뺀 후 무와 같은 크기로 썬다.
3. 밤은 껍질을 벗긴 후 납작하게 썬다.
4. 미나리와 실파는 깨끗이 씻어 소금물에 절인 후 실파는 4cm 길이로 썬다.
5. 멸치젓에 물을 약간 부어 팔팔 끓인 후 체에 면보를 깔고 밭쳐 놓는다.
6. 마른 북어는 머리를 떼고 찬물에 담갔다가 방망이로 두들겨 껍질과 뼈를 발라낸 후 길게 찢는다.
7. 마늘과 생강은 곱게 다진다.
8. 볼에 재료를 모두 넣고 버무린 후 무 위에 북어, 밤, 미나리, 실파 순서대로 가지런히 놓고, 그 위에 무를 맞덮어 절인 미나리로 묶는다.

078 무백김치

주재료 및 부재료

재료 무 3개, 미나리 30g, 실파 20g, 배 1개, 밤 4개, 대추 10개, 낙지 1마리, 석이버섯 3잎, 청강 50g, 물 2cup, 굵은 소금 1T

김치 속 다진 마늘 1/2cup, 다진 생강 5T, 소금 1/2cup

조리방법

1. 무는 4cm×7cm×2cm 직사각형으로 썰어준 후 중간에 1.5cm 남기고 두 번 칼집을 내준 다음 소금물(물 2cup, 굵은 소금 1T)에 절인다.
2. 미나리와 파는 5cm 길이로 썰고, 밤, 대추, 석이, 배는 곱게 채 썬다.
3. 낙지는 잘 손질한 뒤 5cm 길이로 토막 낸다.
4. 김치국물에 위 재료를 모두 버무리고 나서 절인 무에 김치속을 채워 담은 후 무가 잠길 정도로 국물을 붓는다.

079 무생채

주재료 및 부재료

재료 무 200g
양념 고운고춧가루 100g, 식초 1T, 설탕 1/2T, 구운 소금 1/3t, 쪽파 1t, 통깨 1t, 다진 마늘 2g

조리방법

1. 무는 5cm 길이로 잘라 나박 썬 후 곱게 채 썬다.
2. 채 썬 무에 고춧가루를 체에 걸러 넣고 버무려 색을 낸다.
3. 식초, 설탕, 소금으로 단촛물을 만든 후 다진 마늘과 함께 고춧가루를 버무린 무에 넣어 버무린다.
4. 통깨와 송송 썬 쪽파를 함께 넣어 잘 섞는다.

080 무섞박지

주재료 및 부재료

재료 무 2개, 오이지 2개, 밤 5개, 대추 5개, 호두 4개, 표고버섯 3개, 미나리 30g, 명태 1마리 , 굴 1/2cup

양념 고춧가루 1cup, 다진 마늘 2T, 다진 생강 1T, 잣 2쪽, 새우젓 1t, 소금 2g, 실고추 2g, 통깨 2g

조리방법

1. 무는 깨끗이 손질한 후 납작 썬다.
2. 오이지는 3일간 우려서 짠물을 뺀 후 납작 썬다.
3. 밤, 대추, 호두를 납작하게 썬다.
4. 미나리는 잘 손질한 후 5cm 썬다.
5. 명태는 포를 납작하게 썬 후 소금물(물 2cup, 굵은 소금 1T)에 헹구어 건져 놓는다.
6. 새우젓은 곱게 다진 후 다진 마늘, 다진 생강, 고춧가루에 버무려 양념을 만든다.
7. 볼에 모든 재료를 담고 양념으로 잘 버무린 후 실고추와 통깨, 굴을 넣어 소금으로 간한다.

081 무양배추말이김치

주재료 및 부재료

재료 양배추 500g, 무 500g, 케일 10장, 노랑 파프리카 1개, 빨강 파프리카 1개, 배 1개, 물 3cup, 굵은 소금 1/2cup, 물 1L, 밀가루 1T

양념 다진 생강 1T, 매실청 2T, 구운 소금 $1\frac{1}{2}$T

조리방법

1. 양배추는 반으로 자른 후 3×7cm로 썬다.
2. 무는 3×7×0.3cm 두께로 둥글게 돌려 깍는다.
3. 양배추와 무는 소금물(물 3cup, 굵은 소금 1/2cup)에 5시간 놓안 절인 후 소쿠리에 밭쳐 물기를 뺀다.
4. 케일은 줄기를 잘라 잎만 곱게 채 썬다.
5. 파프리카는 곱게 채 썰고, 배는 껍질을 벗긴 후 곱게 채 썬다.
6. 무와 양배추를 순서대로 깐 후 케일채, 파프리카채, 배채를 얹어 돌돌 말아준다.
7. 밀가루풀(물 1L, 밀가루 1T)을 쑤어 식힌 후 다진 생강을 베주머니에 담아 넣고 구운 소금(1½T), 매실청을 넣어 섞어 양념을 만든다.
8. 무양배추말이에 양념을 섞는다.

082 무쪽파김치

주재료 및 부재료

재료 무 100g, 쪽파 10g, 굵은 소금 1/2T
양념 고춧가루 2T, 까나리액젓 2/3T, 새우젓 1t, 찹쌀풀국 1T, 설탕 1/2T, 다진 마늘 1t, 다진 생강 2g, 깨소금 1/3t

조리방법

1. 무와 쪽파는 4cm 길이로 채 썬다.
2. 채 썬 무에 소금을 뿌려 30분 동안 절여준 후 물기를 짠다.
3. 김치 양념을 모두 섞어 양념을 만든다.
4. 절인 무와 쪽파에 양념을 잘 버무린다.

083 무채고수물김치

주재료 및 부재료

재료 무 200g, 고추 50g, 굵은 소금 1/2t, 설탕 1t
김치국물 A 물 2cup, 구운 소금 1t
김치국물 B 배 1/4개, 생강 3g, 홍고추 3개

조리방법

1. 무는 6cm 길이로 채 썬 후 소금과 설탕을 뿌려 20분 동안 절인다.
2. 고수는 뿌리를 자른 후 쪽파와 함께 4cm 길이로 썬다.
3. 믹서에 김치국물 B를 넣고 약간의 물과 함께 잘 간다.
4. 물이 담긴 볼에 3을 면보에 담아 물에 적셔가며 우린다.
5. 4에 무를 넣고 소금으로 간한 뒤 고수를 넣어 완성한다.

084 무청김치

주재료 및 부재료

재료 무청 1kg, 고춧가루 100g, 마늘 100g, 생강 30g, 올리고당 30g, 멸치액젓 30g, 새우젓 30g, 묵젓 20g, 보리쌀 2T, 감자 1/2개, 양파 1/2개

조리방법

1. 무청을 다듬어서 소금물(물 500g, 천일염 1컵)에 1시간 정도 담근다.
2. 물 5컵에 보리쌀, 감자를 삶아서 믹서기에 갈아준 후 속 재료로 섞는다.
3. 무청을 3~4번 씻어 물기를 빼고 속 재료 양념을 골고루 바른다.
4. 양념이 된 무청을 한 주먹 쥐고 무청 끝 부분으로 잘 감는다.
5. 알맞은 크기의 용기에 차곡차곡 담는다.
6. 숙성될수록 맛이 깊다.

085 미니롤보쌈김치

주재료 및 부재료

재료 절인 배춧잎 10장, 굵은 소금 1t
김치소 무 120g, 쪽파 5g, 당근 15g, 미나리 10g, 오징어 젓 70g
양념 고춧가루 3T, 찹쌀풀국 3T, 멸치액젓 1T, 다진 마늘 1/2T, 다진 생강 1/2T, 설탕 1t, 깨소금 1/2t

조리방법

1. 절인 배춧잎은 물기를 뺀다.
2. 무와 미나리, 쪽파, 당근은 4cm 길이로 채 썰어 준비한다.
3. 채 썬 무는 소금에 15분 동안 절인 뒤 물기를 꼭 짠다.
4. 양념된 오징어젓은 먹기 좋은 크기로 잘라 놓는다.
5. 김치양념은 모두 섞어 양념을 만든다.
6. 양념에 오징어 젓과 무, 쪽파, 당근, 미나리를 한데 넣고 잘 섞어 김치소를 만든다.
7. 절인 배춧잎에 양념을 무친 뒤 김치소를 적당히 올려 돌돌 말아준다.

086 미나리무채김치

주재료 및 부재료

재료 무 200g, 미나리 50g, 쪽파 5g

양념 고춧가루 2T, 찹쌀풀국 1T, 까나리액젓 1t, 다진 새우젓 1t, 다진 마늘 1t, 설탕 2g, 깨소금 2g

조리방법

1. 미나리는 잎 부분을 손질한 후 5cm 길이로 썰고, 무도 5cm 길이로 채 썬다.
2. 양념 재료를 모두 섞어 양념을 만든다.
3. 볼에 미나리와 무를 넣고 양념을 버무린다.

087 미나리물김치

주재료 및 부재료

재료 미나리 줄기 100g, 무 250g, 배 1/2개, 물 3cup, 밀가루 1T
양념 고춧가루 1T, 다진 마늘 1T, 다진 생강 1/4T, 초피액젓 3T

조리방법

1. 밀가루풀 (물 3cup, 밀가루 1T)은 쑤어 식힌 후 고춧가루를 섞는다.
2. 미나리는 줄기만 3cm 길이로 썰고 무는 3×3cm 길이로 납작 썬다.
3. 배는 강판에 갈아 배즙으로 준비한다.
4. 볼에 미나리, 무, 배즙을 넣고 다진 마늘과 다진 생강을 베주머니에 담아 초피액젓을 붓는다.
5. 고춧가루를 섞은 밀가루풀물을 거름망에 밭쳐 넣어주고 재료를 모두 잘 섞어 준 후 실온에서 8시간 익힌 뒤 냉장 보관한다.

088 민들레겉절이

주재료 및 부재료

재료 민들레 50g, 배 1/4개
양념 고춧가루 1T, 된장 1T, 식초 1T, 매실청 1T, 참기름 1T

조리방법

1. 민들레는 한 잎씩 떼어내어 꽃대를 제거한 뒤 흐르는 물로 깨끗이 씻어 물기를 뺀다.
2. 배는 껍질을 벗긴 뒤 곱게 채 썬다.
3. 양념 재료를 모두 섞어 양념을 만든다.
4. 볼에 민들레와 배를 넣고 양념으로 버무린다.

089 민들레김치

주재료 및 부재료

재료 민들레 400g, 쪽파 5g, 당근 15g, 물 5cup, 굵은 소금 1/4cup
양념 고춧가루 5T, 찹쌀풀국 5T, 멸치액젓 3T, 다진 마늘 1T, 통깨 1t, 설탕 2t

조리방법

1. 민들레는 깨끗이 손질한 뒤 잘 씻어 소금물(물 5cup, 굵은 소금 1/4cup)에 넣고 12시간 동안 절여 쓴 맛을 우린다.
2. 절인 민들레는 찬물로 흔들어 헹군 뒤 채반에 건진다.
3. 쪽파와 당근은 5cm 길이로 채 썬다.
4. 볼에 양념 재료를 모두 넣어 양념을 만든다.
5. 절인 민들레와 쪽파, 당근을 4에 넣고 버무린다.

090 바지락달래무침

주재료 및 부재료

재료 달래 1묶음 , 바지락살 100g, 청오이 1/2개, 홍고추 1/2개

양념 사과식초 2T, 고춧가루 2T, 통깨 1t, 고추장 1T, 설탕 1T, 다진 마늘 1t, 구운 소금 2g, 참기름 2g

조리방법

1. 달래는 뿌리를 깨끗이 다듬은 후 4cm 길이로 썬다.
2. 오이는 소금으로 겉을 문질러 씻은 후 반을 잘라 어슷 썰고, 고추도 어슷 썰어 준비한다.
3. 바지락살은 소금물에 살짝 데친 후 찬물로 헹군다.
4. 양념 재료를 모두 섞어 양념을 만든다.
5. 달래, 오이, 홍고추를 양념으로 잘 버무린다.

091 방풍김치

주재료 및 부재료

재료 방풍 250g, 물 1cup, 굵은 소금 2T, 맛국물 1cup, 찹쌀가루 3T
양념 고춧가루 3T, 다진 마늘 1T, 다진 생강 1/4T, 초피액젓 2T, 새우젓 1T, 매실청 2T

조리방법

1. 방풍은 잘 씻어 절임물 (물 1cup, 굵은 소금 2T)에 30분 동안 절인다.
2. 절인 방풍은 깨끗이 헹군 뒤 소쿠리에 밭쳐 물기를 뺀다.
3. 찹쌀풀 (맛국물 1cup, 찹쌀가루 3T)은 쑤어 식힌다.
4. 찹쌀풀에 양념 재료를 모두 섞어 양념을 만든다.
5. 볼에 방풍을 넣고 양념을 넣고 버무려 하루 동안 실온에서 익힌 뒤 냉장 보관한다.

092 방풍나물장아찌

주재료 및 부재료

재료 방풍나물 300g

절임장 물 2cup, 조선간장 1/4cup, 간장 1/2cup, 설탕 3T, 다시마(5cm) 1장, 대파 1/2대, 마늘 3알, 국물용 멸치 6마리, 양파 1/4개, 청양고추 1개, 청주 2T

조리방법

1. 방풍나물은 억센 줄기나 누런 잎들은 떼어내 손질하고 깨끗이 씻은 뒤 소금물에 살짝 데쳐 물기를 짠다.
2. 냄비에 절임장 재료를 모두 넣고 끓인다. 이때 끓기 시작하면 약불로 줄이고 5분 후 다시마는 건져내고 30분 동안 끓인 뒤 나머지 재료를 건져낸 후 식힌다.
3. 데친 방풍나물은 용기에 담는다.
4. 차갑게 식힌 절임장을 용기에 부어 준 후 무거운 것으로 방풍나물을 누른다.

093 배추김치

주재료 및 부재료

재료 배추 3포기, 무(섞박지) 1개, 물 1cup, 굵은 소금 2T

김치소 쪽파 10g, 홍갓 5g, 미나리 35g, 청각 10g, 당근 30g, 무 120g

양념 고춧가루 2cup, 멸치액젓 1/3cup, 새우젓 3T, 찹쌀풀국 2cup, 다시마 물 2cup, 배즙 1/2cup, 마늘 30알, 생강 10g, 깨소금 2T, 구운 소금 5g

조리방법

1. 배추는 하룻동안 절여 물기를 빼 준비한다.
2. 섞박지용 무는 동치미용 작은무로 준비하여 껍질째 1cm×4cm×1cm 크기로 두껍게 썰어 1시간 동안 소금물 (물 1cup, 굵은 소금 2T)에 절인다.
3. 미나리와 쪽파, 당근 그리고 무는 깨끗하게 손질한 후 4cm 길이로 채 썰고, 갓은 4등분 하여 준비한다.
4. 청각은 흐르는 물에 비벼가며 씻어서 먹기 좋은 크기로 자른다.
5. 생강, 마늘, 새우젓을 믹서에 넣어 갈아준다.
6. 강판에 배를 갈아 배즙을 만든다.
7. 고춧가루에 찹쌀풀국과 배즙, 나머지 양념 재료를 넣고 믹서로 간 양념과 배추를 넣어 고루 섞어 고춧가루를 불린다.
8. 불린 고춧가루에 김치소 재료를 모두 넣고 버무린다.
9. 양념에 잘 버무린 배추는 겉잎으로 감싸고, 절인 무는 양념에 버무린다.
10. 김치통에 배추김치를 넣고 사이사이에 무를 채운다.

094 배추부추김치

주재료 및 부재료

재료 배추 1kg, 부추 300g, 물 1L, 굵은 소금 1/2cup
양념 배 1/2개, 고춧가루 5T, 다진 마늘 2T, 다진 생강 1/2T, 초피액젓 3T, 새우젓 2T

조리방법

1. 배추는 깨끗이 손질한 후 4cm 길이로 썰어 소금물(물 1L, 굵은 소금 1/2cup)에 4시간 동안 절이고 나서 깨끗이 헹궈 물기를 뺀다.
2. 부추는 4cm 길이로 썬다.
3. 배는 껍질을 벗긴 후 강판에 갈아 배즙을 낸다.
4. 배즙에 양념 재료를 모두 섞어 양념을 만든다.
5. 볼에 배추와 부추 그리고 양념을 넣고 버무린다.

095 백김치

주재료 및 부재료

재료 절인 배추 1/2포기

김치소 무 30g, 당근 10g, 쪽파 4g, 실고추 2g

양념 까나리액젓 1T, 새우젓국 1/2T, 찹쌀풀국 4T, 다진 마늘 1T, 생강 3g

김치 국물 다시마 물 2cup, 배즙 1/4cup, 구운 소금 1t

조리방법

1. 배추는 24시간 동안 절인 후 물기를 뺀다.
2. 당근과 무, 쪽파는 5cm 길이로 채 썬다.
3. 실고추는 손으로 작게 잘라 준비한다.
4. 양념 재료에 2와 3을 모두 넣어 섞어 김치소를 만든다.
5. 절인 배춧잎 사이에 김치소를 켜켜이 넣어 준 후 겉잎으로 감싸 소가 빠져나오지 않도록 한다.
6. 생수에 배즙을 걸러 소금으로 간하여 김치 국물을 만든다.
7. 김치에 김치 국물과 남은 양념을 넣는다.

096 별식오이소박이

주재료 및 부재료

재료 오이 5개, 부추 200g, 무 200g, 배춧잎 20장
양념 고춧가루 5T, 새우젓 1/3cup, 통깨 5g, 실고추 2g, 소금 3g, 다진 생강 1t, 다진 마늘 1T

조리방법

1. 오이는 소금으로 비벼 씻은 후 양 끝을 잘라내고 두 토막 내어 나무젓가락으로 속을 파낸다.
2. 속을 파낸 오이는 둥글게 다듬어 소금에 절인다.
3. 배춧잎은 소금물에 절였다가 물기를 제거한다.
4. 무와 부추는 2cm 길이로 채 썬다.
5. 무채에 양념 재료를 모두 넣어 잘 버무린다.
6. 오이 속에 5를 넣는다.
7. 절인 배춧잎을 편 후 5를 얇게 펴주고 중간에 속을 채운 오이를 놓고 돌돌 말아 준다.
8. 한 입 크기로 자른다.

097 부추겉절이

주재료 및 부재료

재료 부추 100g, 양파 1/6개, 홍고추 1/4개
양념 고춧가루 1/2T, 까나리액젓 2T, 다진 마늘 1/2t, 설탕 1/2t, 통깨 1t

조리방법

1. 부추는 깨끗이 다듬은 후 4cm 길이로 썬다.
2. 홍고추는 씨를 제거하여 양파와 함께 채 썬다.
3. 양념 재료를 모두 섞어 양념을 만든다.
4. 부추에 홍고추와 양파를 넣고 양념을 섞어 버무린다.

098 브로콜리김치

주재료 및 부재료

재료 브로콜리 1송이, 오이 1/2개, 쪽파 5g, 절임용 소금 3g
양념 고춧가루 2T, 멸치액젓 1T, 찹쌀풀국 1T, 다진 마늘 1t, 설탕 2g, 통깨 2g

조리방법

1. 브로콜리는 흐르는 물에 헹군 뒤 작은 칼로 송이를 잘라내고, 큰 송이는 반으로 잘라 준비한다. 이때 브로콜리 잎은 버리지 않는다.
2. 오이는 소금으로 문질러 씻은 후 먹기 좋은 크기로 썬다.
3. 쪽파는 3cm 길이로 썬다.
4. 자른 오이에 굵은 소금을 뿌려 20분 동안 절인 뒤 물기를 뺀다.
5. 브로콜리는 소금물에 넣어 색이 파래질 정도만 살짝 데친 후 찬물로 바로 식혀 물기를 뺀다.
6. 통깨를 제외한 양념 재료를 모두 섞어 양념을 만든다.
7. 볼에 브로콜리와 오이, 쪽파를 넣고 양념을 버무린 후 통깨를 뿌린다.

099 비늘김치

주재료 및 부재료

재료 무(작은 것) 7개, 미나리 50g, 갓 50g, 쪽파 50g, 물 3cup, 굵은 소금 1cup, 맛국물 1cup, 찹쌀가루 4T

양념 고춧가루 6T, 다진 마늘 1T, 다진 생강 1/4T, 새우젓 1T

조리방법

1. 무는 동치미 무보다 더 작은 것으로 선택하여 껍질을 깨끗이 씻어 준비한다.
2. 깨끗이 씻은 무는 반으로 자른 후 등쪽에 1.5cm 간격으로 아래 1cm 를 남겨 두고 어슷하게 칼집을 낸다.
3. 무는 소금물 (물 3cup, 굵은 소금 1cup)에 1시간 동안 절인 후 헹궈 물기를 뺀다.
4. 미나리, 갓, 쪽파는 송송 썬다.
5. 찹쌀풀 (맛국물 1cup, 찹쌀가루 4T)은 쑤어 식힌다.
6. 볼에 미나리, 갓, 쪽파, 찹쌀풀과 재료를 모두 섞어 양념을 만든다.
7. 절인 무 사이사이에 양념을 고루 넣고 겉면까지 고루 발라 실온에서 4일 동안 익혀 냉장 보관한다.

100 비지미

주재료 및 부재료

재료 무 1개, 쪽파 5g, 통깨 1t, 물 3T, 굵은 소금 3T
양념 A 고춧가루 1/2cup, 찹쌀풀국 1/4cup, 설탕 1t
양념 B 마늘 6알, 새우젓 1T, 멸치액젓 2t, 생강 2g

조리방법

1. 무는 껍질째 깨끗이 씻은 후 먹기 좋은 크기로 큼직하게 썬다.
2. 썰어준 무는 소금물 (물 3T, 굵은 소금 3T)에 1시간 동안 절인 후 물에 헹궈 채반에 건져 물기를 뺀다.
3. 쪽파는 4cm 길이로 썬다.
4. 양념 B를 믹서에 넣어 잘 갈아준다.
5. 절인 무와 쪽파에 양념 A와 갈아준 양념 B를 모두 넣고 잘 버무린다.

101 비트양배추물김치

주재료 및 부재료

재료 양배추 1/4통, 비트 30g, 쪽파 5g, 풋고추 1개, 홍고추 1개
김치 국물 물 2cup, 배 1/4개, 사과 1/4개, 양파 1/4개, 마늘 3알, 생강 2g, 구운 소금 1T

조리방법

1. 양배추는 심지를 제거한 후 한 잎씩 떼어 먹기 좋은 크기로 썬다.
2. 비트는 필러로 껍질을 벗긴 후 나박 썬다.
3. 쪽파는 3cm 길이로 썰고, 고추는 씨를 제거한 후 어슷 썬다.
4. 믹서에 약간의 물과 함께 소금, 물을 제외한 김치 국물 재료를 모두 넣고 갈아준다.
5. 볼에 물을 담고 믹서에 간 김치 국물 재료를 면보에 담아 물에 적셔 가며 짜준 후 소금으로 간한다.
6. 만들어 놓은 김치 국물에 양배추와 비트, 쪽파, 고추를 넣는다.

102 비트잎물김치

주재료 및 부재료

재료 비트잎 300g, 양파 1개, 쪽파 50g, 물 2L, 굵은 소금 1cup, 물 1L, 밀가루 1T

양념 다진 마늘 2T, 다진 생강 1/2T, 초피액젓 3T, 매실청 3T, 고운 소금 2T

조리방법

1. 비트 잎은 어린 것을 준비하여 4cm 길이로 잘라 흐르는 물에 한 장씩 깨끗이 씻어 소금물(물 2L, 굵은 소금 1cup)에 30분 동안 절여 물에 헹궈준다.
2. 밀가루풀물(물 1L, 밀가루 1T)을 쑤어 식힌다.
3. 양파는 채 썰고, 쪽파는 3cm 길이로 썬다.
4. 볼에 밀가루 풀물과 양념 재료를 모두 섞어 양념을 만든다.
5. 양파와 쪽파, 비트 잎을 넣어 양념과 함께 가볍게 버무린 후 8시간 동안 실온에서 익혀 냉장 보관한다.

103 뽕잎김치

주재료 및 부재료

재료 뽕잎 200g, 무 150g, 새우젓 1T, 대파 30g, 맛국물 1cup, 찹쌀가루 4T
양념 고춧가루 4T, 다진 마늘 1T, 다진 생강 1/4T, 초피액젓 10T, 매실청 1T

조리방법

1. 뽕잎은 흐르는 물에 깨끗이 씻은 후 물기를 제거하고 가위로 꼭지를 자른다.
2. 찹쌀풀(맛국물 1cup, 찹쌀가루 4T)을 쑤어 식힌다.
3. 무는 곱게 채 썰어 새우젓에 20분 동안 절인다.
4. 대파는 송송 썬다.
5. 볼에 무와 대파, 양념 재료를 모두 넣고 섞어 뽕잎을 2~3장씩 포개서 양념을 바르는 과정을 반복한 후 실온에서 하루 동안 익혀 냉장 보관한다.

104 사과김치

주재료 및 부재료

재료 사과 2개, 고운 소금 1T, 쪽파 5g, 맛국물 1/2cup, 찹쌀가루 2T
양념 고춧가루 1T, 다진 마늘 1/2T, 생강즙 1/4T, 초피액젓 2T

조리방법

1. 사과는 껍질째 깨끗이 씻어 4등분으로 잘라 씨를 제거하고 한 입 크기로 작게 썬다.
2. 사과는 고운 소금에 2시간 동안 절인 후 물로 헹구지 않고 물기만 뺀다.
3. 쪽파는 송송 썬다.
4. 찹쌀풀 (맛국물 1/2cup, 찹쌀가루 2T)을 쑤어 식힌다.
5. 찹쌀풀에 양념 재료를 모두 섞어 양념을 만든다.
6. 볼에 사과, 쪽파를 넣고 양념으로 버무린다.

105 삭힌고추김치

주재료 및 부재료

재료 삭힌 고추 200g, 쪽파 50g
양념 고춧가루 3T, 다진 마늘 1T, 멸치젓 3T, 매실청 1T

조리방법

1. 삭힌 고추를 깨끗이 씻은 후 꼭지는 가위로 제거한다.
2. 쪽파는 3cm 길이로 썬다.
3. 볼에 삭힌 고추와 쪽파를 넣고, 양념 재료를 모두 넣어 잘 버무린다.

106 삼채김치

주재료 및 부재료

재료 삼채뿌리 150g
양념 고춧가루 2T, 멸치액젓 2T, 참쌀풀국 1T, 다진 마늘 1t, 통깨 1t

조리방법

1. 삼채는 물에 잘 헹군 후 물기를 제거한다.
2. 통깨를 제외한 양념을 한데 모아 모두 섞어 양념을 만든다.
3. 삼채에 양념을 버무린 후 통깨를 뿌린다.

107 상추겉절이

주재료 및 부재료

재료 상추잎 10장, 양파 1/6개, 홍고추 1/2개, 오이 1/2개

양념 고춧가루 1/2T, 까나리액젓 1/2T, 진간장 1t, 다시마 물 2t, 다진 마늘 1t, 설탕 1/2t, 통깨 2g

조리방법

1. 상추는 한 장씩 흐르는 물에 씻어 물기를 털어내고 손으로 먹기 좋은 크기로 뜯는다.
2. 오이는 소금으로 문질러 씻은 후 반으로 잘라 어슷 썬다.
3. 고추는 씨를 제거하고 채 썬다.
4. 양파는 채 썬다.
5. 양념 재료를 모두 섞어 양념을 만든다.
6. 볼에 모든 재료를 넣고 손으로 가볍게 버무린다.

108 셀러리김치

주재료 및 부재료

재료 셀러리 500g, 쪽파 100g, 물 1L, 굵은 소금 1cup, 찹쌀가루 6T, 들깻가루 4T, 맛국물 2T

양념 고춧가루 5T, 다진 마늘 3T, 다진 생강 1/4T, 초피액젓 3T, 새우젓 2T

조리방법

1. 셀러리는 잎을 손질하고 줄기의 심줄을 제거한다.
2. 셀러리를 소금물(물 1L, 굵은 소금 1cup)에 1시간 동안 절인 후 깨끗이 씻는다.
3. 셀러리를 1cm 크기로 어슷하게 썰고, 쪽파도 1cm 길이로 썬다.
4. 찹쌀풀(찹쌀가루 6T, 들깨가루 4T, 맛국물 2T)을 쑤어 식힌다.
5. 볼에 모든 재료를 담아 잘 버무린다.

109 생굴배추김치

주재료 및 부재료

재료 배추 2포기, 생굴 500g, 무 1/3개, 배 1/2개, 갓 100g, 미나리 500g, 쪽파 50g, 물 3L, 굵은 소금 3cup, 찹쌀 100g, 맛국물 4cup

양념 고춧가루 3cup, 다진 마늘 4T, 다진 생강 1T, 초피액젓 10T, 새우젓 5T

조리방법

1. 배추는 밑동을 도려내고 4등분으로 칼집 낸다. 이때 완전히 자르지 말고 1/3정도까지만 칼집을 넣는다.
2. 배추를 소금물 (물 3L, 굵은 소금 3cup)에 9시간 동안 절인 후 소쿠리에 밭쳐 물기를 뺀다.
3. 굵은 소금물로 흔들어 씻어 물기를 뺀다.
4. 무와 배, 미나리, 쪽파는 2cm 길이로 채 썬다.
5. 찹쌀죽(찹쌀 100g, 맛국물 4cup)을 쑤어 식힌다.
6. 찹쌀죽에 채 썬 무, 배, 미나리, 쪽파, 굴, 양념 재료를 모두 넣고 섞어 버무린다.
7. 절인 배추 사이사이에 6을 켜켜이 넣어 이틀 정도 실온에 익힌 뒤 냉장 보관한다.

110 생멸치배추김치

주재료 및 부재료

재료 배추 2포기, 무 1/2개, 배 1개, 부추 100g, 생멸치 500g, 물 2L, 굵은 소금 3cup, 맛국물 3cup, 찹쌀 100g

양념 고춧가루 3cup, 다진 마늘 4T, 다진 생강 1T, 초피액젓 1T, 새우젓 1/2T

조리방법

1. 배추는 잘 손질하여 소금물(물 2L, 굵은 소금 3cup)에 8시간 동안 절인 뒤 헹궈 소쿠리에 밭쳐 물기를 뺀다.
2. 무와 배, 부추는 4cm 길이로 채 썬다.
3. 생멸치는 머리와 내장, 뼈를 제거한다.
4. 찹쌀은 4시간 동안 불린 후 찹쌀풀(맛국물 3cup, 찹쌀가루 100g)을 쑤어 식힌 다음 무, 배, 부추 및 양념 재료를 모두 섞어준다.
5. 양념에 생멸치를 살살 버무린다.
6. 절인 배추 사이사이에 소를 넣어준 후 실온에 10시간 동안 익힌 뒤 냉장 보관한다.

111 시금치겉절이

주재료 및 부재료

재료 시금치 1단, 쪽파 5g, 홍고추 1개, 양파 1/4개, 통깨 1t
양념 고춧가루 1.5T, 까나리액젓 2t, 다시마 물 2T, 다진 마늘 1/2T, 설탕 1t

조리방법

1. 시금치는 한 잎씩 떼어 찬물에 씻어낸 후 물기를 뺀다.
2. 쪽파는 3cm 길이로 썰고, 양파는 채 썰어 준비한다.
3. 고추는 씨를 제거하고 어슷 썬다.
4. 양념 재료를 모두 섞어 양념을 만든다.
5. 볼에 모든 재료를 넣어 가볍게 버무린다.

112 쌈배추겉절이

주재료 및 부재료

재료 알배추 1/2포기, 쪽파 5g, 물 2cup, 굵은 소금 1/4cup
양념 고춧가루 3T, 풀국 4T, 멸치액젓 1T, 새우젓 1/2T, 다진 마늘 2/3T, 설탕 1t, 깨소금 1t

조리방법

1. 배추는 먹기 좋은 크기로 잘라 소금물(물 2cup, 굵은 소금 1/4cup)에 1시간 동안 절인 후 찬물로 헹구어 물기를 뺀다.
2. 쪽파는 3cm 길이로 썬다.
3. 볼에 양념 재료를 모두 넣고 섞어 양념을 만든다.
4. 2에 절인 배추와 쪽파를 넣고 버무린다.

113 쑥겉절이

주재료 및 부재료

재료 쑥 50g, 사과 1/4개, 물 5cup, 굵은 소금 1/2cup
양념 고춧가루 1T, 초피액젓 1T, 식초 1T, 매실청 1T, 깨소금 1T

조리방법

1. 쑥은 어린 것으로 골라 깨끗이 씻은 후 물기를 제거한다.
2. 사과는 깨끗이 씻은 후 껍질째 얇게 썬다.
3. 양념 재료를 모두 섞어 양념을 만든다.
4. 볼에 쑥과 사과를 넣고 양념으로 버무린다.

114 알밤깍두기

주재료 및 부재료

재료 알밤 600g, 갓 30g, 쪽파 50g, 대추 5개, 맛국물 1/2cup, 찹쌀가루 2T, 들깻가루 1T
양념 고춧가루 100g, 초피액젓 3T, 다진 마늘 1/2T, 다진 생강 1/5T

조리방법

1. 알밤은 단단한 것으로 골라 껍질을 벗긴다.
2. 찹쌀풀(맛국물 1/2cup, 찹쌀가루 2T, 들깻가루 1T)은 쑤어 식힌다.
3. 갓과 쪽파는 송송 썬다.
4. 대추는 씨를 제거하고 채 썬다.
5. 찹쌀풀에 재료를 모두 섞어 양념을 만든다.
6. 볼에 모든 알밤과, 갓, 쪽파, 대추를 넣고 양념을 고루 버무린 후 1시간 동안 실온에서 익힌다.

115 알타리김치

주재료 및 부재료

재료 총각무 2kg, 굵은 소금 2/3cup, 쪽파 100g, 찹쌀가루 2T, 물 1cup, 굵은 소금 1T, 물 1L
양념 고춧가루 1cup, 다진 마늘 2T, 다진 생강 1t, 멸치액젓 1/2cup, 소금 1T, 새우젓 2T, 설탕 2t

조리방법

1. 총각무는 떡잎을 다듬고 무가 큰 경우 2등분으로 자른다
2. 소금물(굵은 소금 1T, 물 1L)에 총각무를 넣어 2시간 동안 절인다. 이때 무청이 위로 가게 한다.
3. 쪽파는 4cm 길이로 썬다.
4. 찹쌀풀(찹쌀가루 2T, 물 1cup)은 쑤어 식힌 후 고춧가루와 멸치액젓을 넣고 쪽파와 남은 양념 재료를 모두 섞어 버무린다.
5. 양념에 총각무를 넣어 잘 버무린다.

116 알타리물김치

주재료 및 부재료

재료 총각무 1단, 쪽파 30g, 물 1cup, 굵은 소금 3T, 물 1.5L, 밀가루 2T
양념 배 1개, 고춧가루 3T, 홍고추 1개, 다진 마늘 1T, 다진 생강 1/4T, 초피액젓 3T, 고운 소금 2T

조리방법

1. 알타리는 겉잎을 떼어내고 칼로 지저분한 곳을 손질한 후 필러로 껍질을 벗기고 칼로 밑동을 자른다.
2. 알타리는 깨끗이 씻은 후 소금물(물 1cup, 굵은 소금 3T)에 2시간 동안 절인다.
3. 절인 알타리는 4등분한다.
4. 밀가루풀 (물 1.5L, 밀가루 2T)을 쑤어 식힌다.
5. 쪽파는 2cm 길이로 썰고 홍고추는 씨를 제거한 후 채 썬다.
6. 배는 강판에 갈아 배즙을 낸다.
7. 고춧가루, 다진 마늘과 다진 생강은 베주머니에 넣는다.
8. 볼에 알타리, 쪽파, 홍고추, 밀가루풀물, 베주머니와 양념 재료를 모두 넣어 실온에서 24시간 동안 익힌 후 냉장 보관한다.

117 양배추김치

주재료 및 부재료

재료 양배추 1/2통, 쪽파 5g, 물 1cup, 굵은 소금 2T

양념 고춧가루 2T, 까나리액젓 2T, 새우젓 1T, 다진 마늘 2T, 생강 1/2t, 깨소금 1t, 설탕 1t

조리방법

1. 양배추는 심지를 제거한 후 깨끗이 손질하여 한 잎씩 떼어내고 먹기 좋은 크기로 썰어 소금물(물 1cup, 굵은 소금 2T)에 2시간 동안 절인다.
2. 양념 재료를 모두 섞어 양념을 만든다.
3. 절인 양배추는 한두 번 가볍게 흔들어 헹군 후 물기를 뺀다.
4. 당근과 쪽파는 3cm 길이로 채 썬다.
5. 볼에 모든 재료를 넣고 버무린다.

118 양배추물김치

주재료 및 부재료

재료 양배추 500g, 적색 양배추 500g, 쪽파 100g, 물 1L, 보릿가루 2T
양념 다진 마늘 1T, 다진 생강 1/4T, 초피액젓 5T, 매실청 3T, 굵은 소금 1T

조리방법

1. 양배추와 적색 양배추는 심지를 도려낸 후 2×2cm 크기로 썬다.
2. 쪽파는 3cm 길이로 썬다.
3. 보릿가루풀물(물 1L, 보릿가루 2T)을 쑤어 식힌다.
4. 볼에 보릿가루풀물과 양념 재료를 모두 섞어 양념을 만든 후 양배추와 적색 양배추, 쪽파를 넣어 섞고 8시간 동안 실온에 익힌 후 냉장 보관한다.

119 양파김치

주재료 및 부재료

재료 양파 1kg, 물 4cup, 굵은 소금 4T, 맛국물 1/2cup, 찹쌀가루 2T
양념 고춧가루 4T, 초피액젓 5T, 사과 1/4개, 당근 50g

조리방법

1. 양파는 껍질을 손질한 뒤 밑동이 잘리지 않게 8등분한다.
2. 양파를 소금물 (물 4cup, 굵은 소금 4T)에 1시간 동안 절인다. 이 때, 중간에 위 아래를 한 번 뒤집는다.
3. 찹쌀풀(맛국물 1/2cup, 찹쌀가루 2T)을 쑤어 식힌다.
4. 절인 양파는 칼집을 넣은 쪽이 아래로 가도록 체에 밭쳐 물기를 뺀다.
5. 당근과 사과는 얇게 채 친다.
6. 볼에 당근과 사과, 찹쌀풀, 그리고 재료를 모두 섞어 김치 양념을 만든다.
7. 칼집을 넣은 양파 사이사이에 양념을 채워 넣는다.

120 양파소박이

주재료 및 부재료

재료 양파(중간것) 2개, 피망, 파프리카(노랑, 빨강) 1/2개씩, 마늘 2알
양념 다시마 물 1T, 다진 마늘 1t, 까나리액젓 반컵, 매실청 1T

조리방법

1. 양파 껍질을 벗긴 후 칼로 윗부분을 도려내어 까나리 액젓 반컵에 30분 동안 절인다.
2. 피망, 파프리카를 0.5×0.5로 썰고 마늘도 다진다.
3. 절인 양파를 건지고 준비된 2의 재료에 양념을 해서 버무린다.
4. 건져놓은 양파에 버무린 재료를 예쁘게 속을 넣는다.

121 얼갈이겉절이

주재료 및 부재료

재료 얼갈이 1단, 쪽파 10g, 물 5cup, 굵은 소금 1/2cup
양념 A 홍고추 6개, 새우젓 1/2T, 마늘 1통
양념 B 고춧가루 1/4cup, 까나리액젓 3T, 밀가루풀국 1/2cup, 설탕 2T, 깨소금 1T

조리방법

1. 얼갈이는 누런 겉잎은 떼어내고 깨끗이 손질한 후 밑동을 잘라내 6cm 길이로 자른다.
2. 소금물(물 5cup, 굵은 소금 1/2cup)에 얼갈이를 30분 동안 절인 뒤 숨이 죽으면 찬물로 살살 헹구어 건져낸다.
3. 양념 A를 믹서에 넣고 갈아 준다.
4. 양념 A와 양념 B를 섞어 양념을 만든다.
5. 쪽파는 5cm 길이로 썬다.
6. 볼에 얼갈이와 쪽파를 넣고 양념을 가볍게 버무린다.

122 얼갈이오이물김치

주재료 및 부재료

재료 얼갈이 1/2단, 오이 1개, 쪽파 5g, 당근 30g

김치국물 물 6cup, 홍고추 6개, 마늘 5알, 생강 2g, 양파 1/4개, 밀가루풀 1/2cup, 까나리액젓 1T, 구운 소금 1T, 설탕 1T

조리방법

1. 얼갈이는 누런 잎을 떼어낸 후 깨끗이 씻어 물기를 제거하고 먹기 좋은 크기로 자른다.
2. 오이는 4등분한 뒤 먹기 좋은 크기로 자르고 당근은 나박 썰고 쪽파는 4cm 길이로 썬다.
3. 믹서에 홍고추, 마늘, 생강, 양파, 밀가루풀을 넣고 잘 간다.
4. 3에 물과 까나리액젓을 넣고 소금과 설탕으로 간을 한다.
5. 4에 얼갈이와 오이, 쪽파, 당근을 함께 섞어 가볍게 버무린다.

123 연근물김치

주재료 및 부재료

재료 연근 2개, 빨간 파프리카 1/2개, 노란 파프리카 1/2개, 초록 파프리카 1/2개, 대추 5개, 배 1개, 물 1L, 밀가루 1T

양념 오미자 1/2cup, 초피액젓 5T, 고운 소금 2t, 다진 마늘 1T, 다진 생강 1t

조리방법

1 밀가루 풀물(물 1L, 밀가루 1T)을 쑤어 식힌다.
2. 연근은 껍질을 벗긴 뒤 깨끗이 손질하여 모양을 유지해 얇게 썬다.
3. 끓는 물에 연근을 살짝 데친 뒤 찬 물에 헹구어 물기를 뺀다.
4. 파프리카는 반을 잘라 씨를 제거한 후 2×2cm 크기로 썰고, 대추는 씨를 빼서 곱게 채 썬다.
5. 배는 강판에 갈아 배즙을 만든다.
6. 볼에 연근, 파프리카, 대추, 배즙을 넣고 풀물과 오미자, 초피액젓, 고운 소금을 넣어 섞은 다음 다진 마늘과 다진 생강이 담긴 베주머니를 함께 넣어 보관한다.

124 연근장아찌

주재료 및 부재료

재료 연근 300g, 물 2cup,식초 1t
절임장 물 1cup, 식초 1cup, 간장 1/2cup, 설탕 1/2cup, 다시마 (5cm) 1장, 땡초고추 10개

조리방법

1. 연근은 깨끗이 손질한 후 필러로 껍질을 벗기고 모양을 살려 얇게 썰어준 후 갈변 방지를 위해 식초물에 담기 놓는다.
2. 연근을 식초물에서 건져 물기를 제거하고 용기에 담는다.
3. 냄비에 절임장 재료를 모두 넣어 팔팔 끓으면 약불로 줄이고 5분 뒤에 다시마만 건진다.
4. 연근이 담긴 용기에 뜨거운 절임장을 붓는다.

125 연꽃동치미

주재료 및 부재료

재료 무 1kg, 소금 1/2cup, 미나리 100g, 오이 2개, 물 5cup, 소금 50g, 홍고추 2개, 대파 1대

김치국물 생수 8cup, 생강즙 2T, 다진 마늘 2T, 배즙 6T, 양파즙 3T, 소금 1T

조리방법

1. 무는 깨끗이 손질한 후 필러로 껍질을 벗기고 속 재료가 비칠 정도로 둥근 모양으로 아주 얇게 썰어 소금물 (물 5cup, 소금 50g)에 절인다.
2. 미나리는 깨끗이 손질해 소금물에 절인다.
3. 오이, 배, 홍고추, 대파는 6cm 길이로 채 썬다.
4. 생강즙, 양파즙, 배즙, 다진 마늘은 면보에 걸러 김치 국물을 만든다.
5. 절인 무 위에 오이, 배, 파, 홍고추를 얹고 돌돌 말아 미나리로 동여매는 과정을 반복한다.
6. 김치통에 김치를 넣고 김치 국물을 부은 후 소금으로 간한다.

126 열무김치

주재료 및 부재료

재료 열무 1/2단, 물 5cup, 소금 1/2cup
양념 A 마른 고추 3개, 멸치액젓 2T, 새우젓 1/2T, 마늘 5알, 생강 2g, 다시마 물 3T
양념 B 고춧가루 2T, 밀가루풀국 3T, 설탕 1/2T, 깨소금 1/2T

조리방법

1. 열무는 뿌리를 깨끗이 손질한 후 껍질을 칼로 벗기다.
2. 손질한 열무는 4cm 길이로 자른 후 흐르는 물에 살살 씻어 풋내를 없앤다.
3. 소금물(물 5cup, 소금 1/2cup)에 열무를 1시간 동안 절인다. 이때 중간마다 한번씩 뒤집어 준다.
4. 절인 열무는 가볍게 씻은 후 물기를 제거한다.
5. 양념 A를 믹서에 넣고 갈아준 후 양념 B와 섞어 양념을 만든다.
6. 볼에 열무를 넣고 양념을 버무린다.

127 열무물김치

주재료 및 부재료

재료 열무 1단, 무 50g, 쪽파 30g, 홍고추 2개, 물 3cup, 굵은 소금 3T, 물 4T, 보릿가루 1T
양념 고춧가루 2T, 다진 마늘 1T, 다진 생강 1/2T, 초피액젓 3T, 매실청 2T

조리방법

1. 열무는 떡잎과 뿌리를 손질한 후 4cm 길이로 썬다.
2. 열무는 흐르는 물에 씻은 뒤 소금물(물 3cup, 굵은 소금 3T)에 1시간 동안 절인 후 물에 헹궈 물기를 뺀다. 이때 중간에 한 번씩 뒤집어 준다.
3. 보릿가루풀물(물 4T, 보릿가루 1T)은 쑤어 식힌다.
4. 무와 쪽파, 홍고추는 4cm 길이로 채 썬다.
5. 볼에 열무와 무, 쪽파, 홍고추, 보릿가루풀물 그리고 양념 재료를 모두 섞어 버무린 후 실온에서 8시간 동안 익힌 뒤 냉장 보관한다.

128 열무얼갈이김치

주재료 및 부재료

재료 열무 1/2단, 얼갈이 1/4단, 물 5cup, 굵은 소금 1/2cup
양념 홍고추 4개, 풋고추 2개, 고춧가루 4T, 멸치액젓 3T, 새우젓 1T, 밀가루풀국 4T, 다시마물 5T, 마늘 6알, 생강 3g, 설탕 1T, 깨소금 1/2T

조리방법

1. 열무는 뿌리를 손질한 뒤 칼로 껍질을 긁어 제거하고 5cm 길이로 자른다.
2. 얼갈이는 3등분 한 뒤 물에 가볍게 흔들어 씻는다.
3. 소금물(물 5cup, 굵은 소금 1/2cup)에 얼갈이와 열무를 1시간 동안 절인다.
4. 절인 열무와 얼갈이는 한두 번 헹군 뒤 물기를 제거한다.
5. 깨소금과 설탕을 제외한 양념을 모두 믹서에 넣고 갈아준 후 나머지 재료를 모두 넣고 가볍게 버무린다.

129 오방색김치

주재료 및 부재료

재료 배추 2.5kg, 굵은 소금 1cup, 쪽파 50g, 홍갓 50g, 무 200g, 밤 5개, 석이버섯 5장, 노랑 파프리카 1/2개, 빨강 파프리카 1/2개, 초록 파프리카 1/2개

김치국물 물 6cup, 소금 2T, 새우젓 1T

양념 매실청 1T, 멸치액젓 3T, 소금 2g, 마늘 4알, 생강 10g

조리방법

1. 배추는 밑동을 제거하고 4등분하여 소금물에 절인 후 소쿠리에 밭쳐 물기를 제거한다.
2. 무, 파프리카, 홍갓, 쪽파는 4cm 길이로 채 썬다.
3. 석이는 물에 불려 채 썬다. 밤도 껍질을 벗겨 채 썬다.
4. 양념 재료를 모두 섞어 양념을 만든다.
5. 양념에 무, 파프리카, 홍갓, 쪽파, 석이, 밤을 넣고 버무려 소를 만든다.
6. 절인 배추에 양념소를 고루 채운 후 용기에 차곡차곡 넣어 김치국물을 붓는다.

130 오방색연금김치

주재료 및 부재료

재료 연근 2개, 빨강 파프리카 1/2개, 노랑 파프리카 1/2개, 초록 파프리카 1/2개, 석이버섯 5개, 배 1개, 물 1L, 밀가루 1T

양념 오미자청 1/2컵, 고운소금 2T, 다진 생강 1작은술

조리방법

1. 밀가루 풀물 1L, 밀가루 1T를 쑤어 식힌다.
2. 연근은 껍실을 벗긴뒤 끓는물에 약간의 소금과 식초를 넣어 데쳐서 4cm 길이로 썬다.
3. 배와 파프리카는 채를 썬다.
4. 석이버섯은 곱게 채를 썬다.
5. 풀물과 오미자청, 고운소금으로 간을 하고 생강즙을 넣는다.
6. 2.의 연근에 채썬 배, 파프리카를 넣고 0.4cm 원형으로 썰어서 5.의 육수에 띄워 익혀 먹는다.

131 오이무침

주재료 및 부재료

재료 오이 1개, 양파 1/4개, 부추 15g, 물 5cup, 굵은 소금 5T, 고춧가루 2T, 까나리액젓 1T, 다진 마늘 1t, 깨소금 1t, 다시마물 1T, 설탕 3g

조리방법

1. 오이는 소금으로 문질러 깨끗이 다듬은 후 반으로 갈라 어슷 썬다.
2. 부추는 4cm 길이로 썰고, 양파는 채 썬다.
3. 양념 재료를 모두 섞어 양념을 만든다.
4. 볼에 오이와 양파, 양념을 넣고 고루 버무린다.

132 오이소박이

주재료 및 부재료

재료 오이 5개, 부추 80g, 물 5cup, 굵은 소금 5T
양념 고춧가루 5T, 다진 새우젓 2T, 다진 마늘 1T, 다진 생강 1/2t, 다시마 물 3T, 찹쌀풀국 2T, 설탕 1t, 깨소금 1/2T

조리방법

1. 오이는 소금으로 문질러 씻은 후 4토막 내고, 끝에 1cm 정도를 남기고 열십자 모양으로 칼집을 넣는다.
2. 소금물(물 5cup, 굵은 소금 5T)에 오이를 넣고 3시간 동안 절인 뒤 물기를 뺀다.
3. 부추는 송송 썬다.
4. 양념 재료에 부추를 섞어 양념 소를 만든다.
5. 절인 오이 사이에 양념 소를 채워 넣어 완성한다.

133 오이열무물김치

주재료 및 부재료

재료 열무 1단, 오이 5개, 쪽파 100g, 물 2cup, 굵은 소금 5T, 물 2L, 보릿가루 3T, 홍고추 2개
김치국물 고춧가루 3T, 다진 마늘 2T, 다진 생강 1/2T, 초피액젓 10T, 소금 1T

조리방법

1. 보릿가루물(물 2L, 보릿가루 3T)을 쑤어 식힌다.
2. 열무는 먹기 좋은 크기로 자르고 오이는 꼭지를 제거한 후 3등분 한다.
3. 열무와 오이는 소금물(물 2cup, 굵은 소금 5T)에 30분 동안 절인다. 이때 절이는 중간마다 위아래를 한 번씩 뒤집는다.
4. 열무는 4cm 길이로 썰고, 오이는 물기를 뺀 후 열십자로 칼집을 낸다.
5. 쪽파는 4cm 길이로 썰고, 고추는 어슷 썬다.
6. 보릿가루물에 양념 재료를 모두 넣어 김치국물을 만든다.
7. 6.에 열무와 오이를 넣어 실온에서 6시간 동안 익힌 뒤 냉장 보관한다.

134 오이호두생채

주재료 및 부재료

재료 오이 1개, 호두알 1/3cup, 양파 1/6개, 굵은 소금 1/2t

양념 고춧가루 1/2T, 식초 1T, 설탕 1/2T, 까나리액젓 1/2t, 다진 마늘 1t, 구운 소금 1/3t, 깨소금 2g

조리방법

1. 오이는 소금으로 문질러 깨끗이 씻은 뒤 반으로 잘라 어슷 썬다.
2. 양파는 껍질을 제거하고 얇게 채 썰고, 호두는 생호두를 준비한다.
3. 오이는 소금을 뿌려 10분 동안 절인 뒤 물기를 뺀다.
4. 양념 재료를 모두 섞어 양념을 만든다.
5. 볼에 절인 오이와 양파를 넣고 양념으로 잘 버무린 후 호두를 넣고 가볍게 버무린다.

135 오징어젓무김치

주재료 및 부재료

재료 오징어젓 200g, 쪽파 30g, 무 500g
양념 고춧가루 3T, 다진 마늘 2T, 다진 생강 1/2T, 매실청 2T, 통깨 2T

조리방법

1. 오징어젓은 먹기좋은 크기로 자른다.
2. 무는 1.5cm×1.5cm×0.5cm 크기로 썰고 쪽파도 1cm 길이로 썬다.
3. 볼에 오징어젓과 무를 넣어 30분동안 무가 절여지도록 놔둔다.
4. 3.에 쪽파와 나머지 양념을 넣어 잘 버무린 후 실온에서 3시간 동안 익힌다.

136 우엉김치

주재료 및 부재료

재료 우엉 1kg, 쪽파 50g, 물 5cup, 굵은 소금 1/2cup, 식초 1/2cup, 맛국물 2cup, 찹쌀가루 8T, 들깻가루 4T, 바나나 1개

양념 고춧가루 10T, 다진 마늘 4T, 다진 생강 1/2T, 초피액젓 3T, 새우젓 2T, 멸치가루 2T, 매실청 5T

조리방법

1. 우엉은 칼등으로 껍질을 살살 벗긴다.
2. 껍질을 벗긴 우엉은 3등분하여 소금물(물 5cup, 굵은 소금 1/2cup, 식초 1/2cup)에 넣어 1시간 동안 절인 뒤 물에 헹구고 물기를 빼서 4cm 길이로 잘라 반으로 가른다.
3. 찹쌀풀(맛국물 2cup, 찹쌀가루 8T, 들깻가루 4T)은 쑤어 식힌 후 바나나를 으깨어 넣는다.
4. 쪽파는 2cm 길이로 썬다.
5. 볼에 찹쌀풀과 쪽파, 양념 재료를 모두 넣어 섞는다.
6. 우엉에 5를 잘 버무린다.

137 우엉채다시마말이김치

주재료 및 부재료

재료 우엉 1kg, 다시마 200g, 보리쌀 2T, 감자 1/2개

속재료 멸치액젓 60g, 멸치묵젓 60g, 고춧가루 70g, 마늘 100g, 생강 20g, 올리고당 20g, 볶은깨 1T

조리방법

1. 물 5컵에 보리쌀, 감자를 넣고 삶는다.
2. 우엉은 채를 썰어 끓는 물에 살짝 삶는다.
3. 다시마는 1시간 정도 불린 후 끓는 물에 부드러울 때까지 삶는다.
4. 삶은 보리쌀과 감자는 속재료와 함께 믹서기에 넣어 곱게 간 다음 우엉과 잘 버무린다.
5. 다시마를 펼친 후 속재료를 넣고 김밥처럼 말아준다.
6. 한 입 크기로 먹기 좋게 썰어 접시에 담는다.

138 우엉생채

주재료 및 부재료

재료 우엉 100g, 물 3cup, 식초 1/3t
양념 식초 1T, 고춧가루 2t, 설탕 1/2T, 검은깨 1/3t, 구운 소금 2g

조리방법

1. 우엉은 칼등으로 껍질을 살살 벗겨준 후 어슷 썰어 채 썬다.
2. 채 썬 우엉은 식초물 (물 3cup, 식초 1/3t)에 10분 동안 담가 아린 맛을 제거하고 물기를 뺀다.
3. 검은깨를 제외한 양념을 모두 섞어 양념을 만든다.
4. 우엉에 양념을 섞어 가볍게 버무린다.

139 유자동치미

주재료 및 부재료

재료 동치미 무 2개, 유자 1개, 쪽파 5g, 삭힌 고추 5개, 청강 10g, 물 1cup, 굵은 소금 1/4cup
동치미국물 물 15cup, 배 1/2개, 마늘 1통, 생강 2g, 찹쌀풀국 2T, 설탕 1T, 구운소금 2g

조리방법

1. 무는 깨끗이 씻어 필러로 껍질을 제거한 뒤 4등분 한 후 1.5×3×1.5cm 크기로 잘라 소금물(물 1cup, 굵은 소금 1/4cup에 2시간 동안 중간마다 뒤집어가며 절인다.
2. 무청은 버리지 않고 5cm 길이로 잘라 무와 함께 절여 준비한다.
3. 믹서에 배, 마늘, 생강과 약간의 물을 넣어 갈아준다.
4. 끓여 식힌 물에 3을 체에 걸러 국물만 짜고 소금으로 간하여 동치미국물을 만든다.
5. 유자는 소금으로 문질러 껍질을 깨끗이 씻은 후 과육을 분리해 껍질은 얇게 채 썰고, 과육은 즙을 짠다.
6. 삭힌 고추는 물기를 닦아 준비하고, 청각은 흐르는 물에 비벼가며 맑은 물이 나올 때까지 깨끗이 씻은 후 물기를 짠다.
7. 쪽파는 5cm 길이로 썬다.
8. 동치미 국물에 유자즙을 넣고 동치미 재료를 모두 넣는다.

140 인삼배추겉절이

주재료 및 부재료

재료 알배추 1포기, 인삼 1뿌리, 쪽파 5g, 부추 10g, 물 1cup, 굵은 소금 3T
양념 고춧가루 3T, 멸치액젓 2T, 새우젓 1/2T, 다진 마늘 1T, 찹쌀풀국 3T, 설탕 1t, 통깨 1/2T

조리방법

1. 알배추는 밑동을 제거한 후 4cm 길이로 썬다.
2. 썬 배추는 소금물(물 1cup, 굵은 소금 3T)에 1시간 동안 절인 뒤 물기를 제거한다.
3. 인삼은 솔을 이용해 살살 문질러 흐르는 물에 이물질을 제거한다.
4. 인삼의 머리는 잘라내고 잔뿌리는 손으로 떼어 4cm 길이로 자른다. 몸통은 어슷 썬 후 채 썬다.
5. 쪽파와 부추는 4cm 길이로 썬다.
6. 통깨를 제외한 양념을 모두 섞어 양념을 만든다.
7. 절인 배추와 인삼에 양념을 잘 버무린 후 쪽파와 부추, 통깨를 넣고 버무린다.

141 인삼배추김치

주재료 및 부재료

재료 배추 2포기, 무 1/2개, 배 1개, 미나리 100g, 쪽파 100g, 수삼 300g, 물 2L, 굵은 소금 3cup, 찹쌀 100g, 맛국물 3cup

양념 고춧가루 3cup, 다진 마늘 4T, 다진 생강 1T, 초피액젓 10T, 새우젓 5T, 갈치속젓 5T

조리방법

1. 찹쌀을 물에 3시간 정도 불린 후 찹쌀풀(찹쌀 100g, 맛국물 3cup)을 쑤어 식힌다.
2. 배추는 밑동을 자른 후 1/3 정도까지만 칼집을 넣어 4등분한다.
3. 절임물 (물 2L, 굵은 소금 3cup)에 배추를 8시간 동안 절인 뒤 물기를 뺀다.
4. 무와 배, 미나리, 쪽파는 4cm 길이로 채 썬다.
5. 수삼은 깨끗이 손질한 뒤 뿌리를 떼어내 4cm 길이로 썰고, 몸통은 어슷 썬 후 채 썬다.
6. 볼에 찹쌀죽과 무를 넣고 고춧가루를 넣어 버무린다.
7. 6.에 나머지 양념 재료와 배, 미나리, 쪽파, 수삼을 넣어 잘 버무린다.
8. 배추에 7.을 켜켜이 넣어 실온에 4일 동안 익힌 뒤 냉장 보관한다.

142 인삼오이물김치

주재료 및 부재료

재료 배추 2포기, 소금 2cup, 무 1/2개, 수삼 2개, 쪽파 30g, 미나리 30g, 배 1/2개, 실고추 20g, 석이버섯 20g, 밤 3개, 대추 50g, 물 2L, 굵은 소금 3cup

양념 새우젓 4T, 설탕 1T, 생강 5g, 마늘 20g, 대추 50g, 잣 20g

김치국물 감자 2개, 생수 10cup, 소금 1T

조리방법

1. 배추는 밑동을 잘라 몸통 쪽은 소금물(물 2L, 굵은 소금 3cup)에 절이고 머리 쪽은 소금을 뿌려서 절인 후 씻는다.
2. 감자는 삶아서 으깬 후 식혀 생수를 부어 김치국물을 만든다.
3. 무와 배는 채 썰고 미나리와 쪽파도 4cm 길이로 썬다.
4. 마늘, 생강은 채 썰고 석이버섯도 물에 불린 후 채 썰어 준다.
5. 대추는 씨를 제거한 후 채 썬다.
6. 잣은 고깔을 떼어낸다.
7. 밤은 편 썰어 준비하고 수삼은 어슷 썰어 준비한다.
8. 양념 재료를 모두 섞어 양념을 만든다.
9. 양념에 배추를 제외한 모든 재료를 넣어 속을 만든 후 절인 배추 안에 켜켜이 속을 넣는다.
10. 완성된 김치는 통에 담고 김치국물을 붓는다.

143 장김치

주재료 및 부재료

재료 배추속대 300g, 무 100g, 밤 5알, 배 1/2개, 미나리 50g, 갓 50g, 파(흰부분) 10g, 마늘 50g, 생강 20g, 홍고추 2개

김치국물 진간장 1/3cup, 물 8cup, 매실청 2T

조리방법

1. 배, 배추와 무는 2.5×2.5×0.3cm 길이로 썬다.
2. 마늘과 생강은 곱게 채 썬다.
3. 미나리와 갓은 2.5cm 길이로 썬다.
4. 홍고추와 파는 2.5cm 길이로 채 썬다.
5. 밤은 껍질을 제거한 후 편썬다.
6. 대추는 씨를 제거한 후 방망이로 밀어 얇게 펴고 곱게 채 썬다.
7. 배추와 무는 간장으로 절인 후 따라내고 마늘, 생강, 미나리, 갓, 홍고추, 파, 밤, 배, 대추를 함께 넣어 버무린다.
8. 7에 김치국물을 섞어 간장으로 간한다.

144 전복무섞박지

주재료 및 부재료

재료 전복 8마리, 무 1/2개, 배추 1/6개, 갓 30g, 미나리 30g, 쪽파 50g, 물 2cup, 굵은 소금 1/2cup, 맛국물 1cup, 찹쌀가루 4T

양념 고춧가루 7T, 다진 마늘 3T, 다진 생강 1/2T, 초피액젓 2T, 새우젓 1T

조리방법

1. 배추는 먹기 좋은 크기로 썰어 소금물(물 2cup, 굵은 소금 1/2cup)에 2시간 동안 절인다.
2. 무는 2×2×1cm 크기로 썬 후 배추와 함께 절여준 후 물기를 뺀다.
3. 전복은 껍질을 솔로 깨끗이 씻은 뒤 칼로 살만 발라낸 다음 붉은색 이를 자른다.
4. 전복을 4등분한다.
5. 미나리와 갓, 쪽파는 2cm 길이로 썬다.
6. 찹쌀풀(맛국물 1cup, 찹쌀가루 4T)을 쑤어 식힌 뒤 양념 재료를 모두 섞어 양념을 만든다.
7. 양념에 모든 재료를 넣어 잘 버무린다.

145 전복김치

주재료 및 부재료

재료 전복 10개, 무 100g, 밤 3개, 잣 1T, 쪽파 50g, 미나리 50g, 홍고추 1개, 굵은 소금 3T

양념 고춧가루 4T, 새우젓 1T, 설탕 1T, 멸치액젓 2T, 다진 마늘 30g, 다진 생강 10g, 소금 2g, 매실청 1T

조리방법

1. 전복은 깨끗이 손질한 뒤 칼로 전복살을 꺼낸 후 소금을 약간 뿌려 씻고 납작하게 썬다.
2. 무는 3×3×0.3cm 크기로 썬 후 소금물에 절여 물기를 제거한다.
3. 미나리와 쪽파는 3cm 길이로 썰고, 마늘과 생강은 채 친다.
4. 밤은 껍질을 벗긴 후 편으로 썰고, 홍고추는 씨를 제거한 후 채 썬다.
5. 양념 재료를 모두 섞어 양념을 만든다.
6. 모든 재료에 양념을 버무려 고명으로 잣을 얹는다.

146 제육배추김치

주재료 및 부재료

재료 배추 2포기, 갈은 돼지고기 300g, 무 1/2개, 배 1개, 갓 150g, 미나리 100g, 대파 100g, 찹쌀 100g, 맛국물 3cup

양념 고춧가루 3cup, 다진 마늘 4T, 다진 생강 1T, 초피액젓 10T, 새우젓 150g, 갈치속젓 100g

조리방법

1. 배추는 밑동을 제거한 후 1/3 정도까지 4등분으로 칼집을 넣는다.
2. 소금물에 배추를 9시간 동안 절인 후 소쿠리에 밭쳐 물기를 뺀다.
3. 갈은 돼지고기는 팬에 잘 볶은 후 식힌다.
4. 무와 배는 채 썬다.
5. 갓과 미나리는 2cm 길이로 썬다. 대파는 송송 썬다.
6. 찹쌀죽(찹쌀 100g, 맛국물 3cup)을 쑤어 식힌다.
7. 찹쌀죽에 양념 재료를 모두 섞어 양념을 만든다.
8. 볼에 모든 재료를 넣고 양념을 버무려 3일 동안 실온에서 익힌다.

147 쪽파김치

주재료 및 부재료

재료 쪽파 1단, 당근 30g, 물 5cup, 굵은 소금 1/2cup
양념 고춧가루 1/2cup, 찹쌀풀국 1/2cup, 멸치액젓 4T, 다진 마늘 2T, 설탕 3T, 깨소금 1t

조리방법

1. 쪽파는 뿌리를 손질한 뒤 겉은 깨끗이 씻어 소금물(물 5cup, 굵은 소금 1/2cup)에 2시간 동안 절인다. 이때 뿌리부터 줄기까지 전체적으로 담근다.
2. 절인 쪽파는 물기를 제거한다.
3. 당근은 4cm 길이로 채 썬다.
4. 양념 재료를 모두 넣어 버무린 후 당근을 넣어 함께 버무린다.
5. 절인 쪽파에 양념을 얹어 뿌리 부분부터 전체적으로 고루 무친다.

148 참나물김치

주재료 및 부재료

재료 참나물 500g, 쪽파 10g
양념 고춧가루 5T, 까나리액젓 3T, 다진 마늘 1T, 다진 생강 1/2t, 들깨가루 2T

조리방법

1. 참나물은 깨끗이 씻어 준비한다.
2. 쪽파는 4cm 길이로 썬다.
3. 양념 재료를 모두 섞어 양념을 준비한다.
4. 양념에 참나물과 쪽파를 잘 버무린 후 3일 동안 실온에서 익힌다.

149 창난젓나박김치

주재료 및 부재료

재료 창난젓 200g, 쪽파 30g, 무 200g
양념 고춧가루 3T, 다진 마늘 2T, 다진 생강 1/2T, 매실청 2T, 통깨 2T

조리방법

1. 창난젓을 잘게 썬다.
2. 쪽파는 송송 썬다.
3. 무는 1.5cm×1.5cm×0.5cm 크기로 썬다.
4. 양념 재료를 모두 섞어 양념을 만든다.
5. 볼에 모든 재료를 넣고 양념을 섞어 잘 버무린다.

150 청경채김치

주재료 및 부재료

재료 청경채 15포기, 쪽파 5g, 무 50g, 당근 15g, 물 5cup, 굵은 소금 1/2cup
양념 A 고춧가루 1/4cup, 찹쌀풀국 1/2cup, 설탕 1t
양념 B 까나리액젓 1T, 새우젓 1t, 양파 1/6개, 마늘 5알, 생강 3g

조리방법

1. 청경채는 지저분한 잎은 깨끗이 손질한 뒤 소금물(물 5cup, 굵은 소금 1/2cup)에 2시간 동안 밑동부터 잎 부분까지 절인다. 이때 청경채가 떠오르지 않도록 무거운 것으로 누른다.
2. 절인 청경채는 물에 헹구어 물기를 뺀다.
3. 당근과 무, 쪽파는 4cm 길이로 채 썬다.
4. 믹서에 양념 B를 곱게 갈아 양념 A와 당근, 무, 쪽파와 함께 잘 버무려 양념을 만든다.
5. 절인 청경채에 양념을 속잎까지 골고루 발라 잘 버무린다.

151 청경채물김치

주재료 및 부재료

재료 청경채 1kg, 쪽파 100g, 물 1cup, 굵은 소금 3T, 물 1L, 보릿가루 2T
양념 배 1개, 홍고추 2개, 고춧가루 3T, 초피액젓 5T, 다진 마늘 2T, 다진 생강 1/2T

조리방법

1. 청경채는 밑동을 제거한 후 소금물(물 1cup, 굵은 소금 3T)에 20분 동안 절이고 물에 헹궈 물기를 뺀다.
2. 쪽파는 2cm 길이로 썰고, 홍고추는 어슷하게 썬다.
3. 배는 강판에 갈아 배즙을 만든다.
4. 보릿가루풀물(물 1L, 보릿가루 2T)을 쑤어 식힌 후 배즙과 청경채, 쪽파, 홍고추를 넣고, 고춧가루는 거름망으로 풀어 놓는다.
5. 4에 나머지 양념 재료를 모두 넣고 잘 버무린다.

152 초피배추김치

주재료 및 부재료

재료 초피 잎 50g, 찹쌀가루 3T, 맛국물 1/2cup
양념 고춧가루 1T, 초피액젓 3T, 물엿 1T

조리방법

1. 초피 잎은 줄기를 잘라내어 다듬은 후 깨끗이 헹궈 물기를 뺀다.
2. 찹쌀풀(찹쌀가루 3T, 맛국물 1/2cup)은 쑤어 식힌다.
3. 찹쌀풀에 양념 재료를 모두 섞어 양념을 만든다.
4. 볼에 초피 잎을 담은 후 양념을 버무린다.

주재료 및 부재료

재료 취나물 500g, 쪽파 50g, 물 1L, 굵은 소금 1/2cup, 맛국물 1cup, 찹쌀가루 3T, 들깻가루 2T

양념 고춧가루 7T, 다진 마늘 1T, 다진 생강 1/4T, 초피액젓 10T, 매실청 2T

조리방법

1. 취나물은 깨끗이 손질한 뒤 소금물(물 1L, 굵은 소금 1/2cup)에 1시간 동안 절인 후 깨끗한 물에 헹궈 물기를 뺀다.
2. 찹쌀풀(맛국물 1cup, 찹쌀가루 3T, 들깻가루 2T)은 쑤어 식힌다.
3. 찹쌀풀에 양념 재료를 모두 섞어 양념을 만든다.
4. 쪽파는 2cm 길이로 썬다.
5. 볼에 모든 재료를 넣고 잘 버무린다.

154 케일양배추물김치

주재료 및 부재료

재료 케일 150g, 양배추 150g, 물 1L, 굵은 소금 1cup, 물 1L, 밀가루 1T

김치국물 고운 고춧가루 1T, 배즙 1/2T, 다진 마늘 1T, 다진 생강 1/4T, 초피액젓 3T, 고운 소금 1T, 홍고추 1개

조리방법

1. 케일은 깨끗이 손질해 물로 씻어 길쭉한 대를 가위로 자른다.
2. 양배추는 케일과 비슷한 길이로 4×4cm 길이로 썰어 케일과 양배추를 번갈아 가며 켜켜이 쌓는다.
3. 케일과 양배추는 소금물(물 1L, 굵은 소금 1cup)에 2시간 동안 절인다.
4. 밀가루풀물(물 1L, 밀가루 1T)은 쑤어 식힌다.
5. 홍고추는 반으로 갈라 씨를 제거하고 채 썬다.
6. 밀가루풀물에 김치국물 재료를 모두 섞어 김치국물을 만든다.
7. 양배추와 케일을 물에 헹궈 그릇에 담고 김치국물을 부어준 후 위에 홍고추를 얹는다.

155 콩나물김치

주재료 및 부재료

재료 콩나물 1kg, 홍고추 2개, 소금 2g
양념 건 고추 10개, 멸치액젓 3T, 배즙 3T, 다진 마늘 1T, 고춧가루 2T

조리방법

1. 콩나물은 머리와 뿌리를 제거하고 깨끗이 씻은 후 물기를 뺀다.
2. 끓는 소금물에 콩나물을 넣어 살짝 데친 후 물기를 뺀다.
3. 건 고추는 물에 불려 4등분 한 후 믹서에 간다.
4. 홍고추는 씨를 제거한 후 채 썬다.
5. 볼에 모든 재료를 넣고 고루 버무린다.

156 토란김치

주재료 및 부재료

재료 토란 1kg, 쪽파 50g, 홍고추 3개

양념 고춧가루 1/2cup, 다시마 물 1/2cup, 멸치액젓 1/3cup, 설탕 1T, 다진 마늘 2T, 다진 생강 1t

조리방법

1. 토란은 깨끗이 손질한 뒤 껍질을 벗겨 끓는 물에 데쳐 소금으로 절여 준 후 물로 헹군다.
2. 쪽파는 4cm 길이로 썰고, 고추는 어슷 썬다.
3. 고춧가루에 다시마 물을 넣어 고춧가루를 불린 후 양념 재료를 모두 넣어 고루 섞는다.
4. 토란에 양념을 고루 버무린다.

157 토마토소박이

주재료 및 부재료

재료 토마토 3개, 부추 50g, 무50g, 멸치액젓 3Ts, 소금, 마늘 1Ts, 생강 1Ts, 찹쌀풀 1/2C, 고춧가루 1/4C

조리방법

1. 토마토는 6등분으로 칼집을 낸다.
2. 부추는 1cm 길이로 자른다.
3. 무는 5cm로 채를 썬다.
4. 고춧가루, 찹쌀풀, 멸치액젓, 소금 1/2Ts, 마늘, 생강을 넣어 소를 만든다.
5. 토마토 사이사이에 양념을 넣는다.

158 톳김치

주재료 및 부재료

재료 톳 500g, 무 50g, 쪽파 30g, 배 1/2개
양념 고춧가루 2T, 다진 마늘 1T, 다진 생강 1/4T, 멸치액젓 3T, 매실청 1T

조리방법

1. 톳은 깨끗이 손질한 후 손으로 적당한 크기의 길이로 잘라 물기를 뺀다.
2. 무와 배, 쪽파는 1cm 길이로 채 썬다.
3. 볼에 모든 재료와 양념 재료를 고루 섞어 버무린다.

159 톳배추김치

주재료 및 부재료

재료 배추 2포기, 무 1/2개, 배 1개, 미나리 100g, 쪽파 100g, 톳 300g, 물 3L, 굵은 소금 3cup, 찹쌀 100g, 맛국물 3cup

양념 고춧가루 3cup, 다진 마늘 4T, 다진 생강 1T, 초피액젓 10T, 멸치액젓 10T

조리방법

1. 배추는 밑동을 도려낸 후 배추의 1/3 까지만 4등분으로 칼집을 낸다.
2. 배추는 소금물(물 3L, 굵은 소금 3cup)에 9시간 동안 절인 후 물기를 뺀다.
3. 찹쌀은 물에 3시간 정도 불린 뒤 찹쌀풀(찹쌀 100g, 맛국물 3cup)을 쑤어 식힌다.
4. 무와 배, 미나리, 쪽파는 3cm 길이로 곱게 채 썬다.
5. 톳은 흐르는 물에 깨끗이 씻어 3cm 길이로 자른다.
6. 볼에 절인 배추를 제외한 모든 양념 재료와 재료를 넣어 고루 버무려 소를 만든다.
7. 절인 배추에 김치소를 켜켜이 넣어 실온에서 3일 동안 익힌 후 냉장 보관한다.

160 통마늘장아찌

주재료 및 부재료

재료 통마늘 25통

절임물 A 식초 5cup, 물 5cup

절임물 B 양조간장 1/2cup, 설탕 1/2cup, 구운 소금 2.5T, 물 5cup

조리방법

1. 마늘은 마늘대를 1cm 만 남기고 잘라 정리한 뒤 한두 겹의 껍질만 남겨 밑으로 젖혀 칼로 단정하게 밑동과 함께 자른다.
2. 손질한 통마늘은 깨끗이 씻어 물기를 말린다.
3. 냄비에 절임물 A를 끓여 식힌다.
4. 용기에 통마늘을 채워 담아 끓여 식힌 절임물 A를 부어 준다. 이때 마늘이 떠오르지 않도 록 무거운 것으로 눌러 뚜껑을 닫고 어두운 곳에서 일주일 동안 삭힌다.
5. 절임물 B를 끓여 식힌다.
6. 마늘이 삭으면 절임물을 따라내고 절임물 B를 붓는다.

161 파래물김치

주재료 및 부재료

재료 파래 100g, 굵은 소금 1T, 김장김치 국물 1cup, 배 1/4개, 쪽파 3g

조리방법

1. 파래는 굵은 소금으로 조물조물 씻은 후 물에 헹궈 물기를 뺀다.
2. 김장김치 국물은 면보에 한 번 걸러준다.
3. 배는 곱게 갈아 면보에 걸러 즙을 내고, 쪽파는 송송 썬다.
4. 볼에 모든 재료를 넣고 잘 섞는다.

162 파짠지

주재료 및 부재료

재료 쪽파 1단, 물 1L, 굵은 소금 1/2cup
양념 멸치액젓 1/2cup, 설탕 2T, 고춧가루 5T, 찹쌀풀 1cup, 통깨 1T, 다진 마늘 2T, 다진 생강 1/2T, 매실청 2T, 소금 2g

조리방법

1. 쪽파를 깨끗이 손질한 후 줄기를 먼저 소금물(물 1L, 굵은 소금 1/2cup)에 절인다.
2. 찹쌀풀에 고춧가루와 멸치액젓을 섞어 먼저 불린 후 남은 재료를 넣어 양념을 만든다.
3. 절인 쪽파에 양념을 고루 버무린 후 쪽파를 반으로 접어 돌돌 말아 용기에 차곡차곡 눌러 담는다.

163 파채무침

주재료 및 부재료

재료 대파 2대

양념 간장 1/2T, 식초 1T, 설탕 1/2T, 고춧가루 1T, 깨소금 1/2t, 연겨자 1/2t, 참기름 2g

조리방법

1. 파는 겉에 묻은 흙을 깨끗이 털어 내고 물에 씻은 뒤 5cm 길이로 잘라 반을 가르고 가운데 심을 제외한 후에 얇게 채 썬다.
2. 대파채를 찬물에 담가 두었다가 물기를 뺀다.
3. 양념 재료를 모두 섞어 양념을 만든다.
4. 대파채에 양념을 고루 버무린다.

164 파프리카무소박이

주재료 및 부재료

재료 무 2.5kg, 물 2cup, 볶은소금 1cup, 파프리카(노랑, 빨강, 파랑) 각 3개씩, 멸치액젓 30g, 새우젓 50g, 마늘 100g, 생강 40g, 보리쌀 2T, 감자 1개, 양파 1/2개, 고운 고추가루 20g, 굵은 고추가루 20g, 올리고당 50g

조리방법

1. 무를 먹기 좋은 크기로 잘라준 후 십자모양으로 홈을 낸다.
2. 물 2c에 굵은 소금을 넣고 무를 넣어 30분간 절인다.
3. 속재료 중 파프리카, 양파는 얇게 채 썰어 준비한다.
4. 파프리카, 양파를 제외한 속재료는 모두 믹서기에 갈이 간다.
5. 절여진 무는 헹구어 볼에 담고 4.의 속재료와 채썬 파프리카 양파를 양념에 무친다.
6. 3.의 재료와 믹서기에 간 재료를 혼합한다.
7. 완성된 속재료를 칼집을 내준 무 사이사이에 알맞게 넣는다.

165 파프리카물김치

주재료 및 부재료

재료 알배추 100g, 무 50g, (빨강, 노랑, 주황) 파프리카 1/2개, 쪽파 4g
김치국물 A 물 4cup, 구운 소금 1T
김치국물 B 배 1/4개, 빨강 파프리카 1개, 양파 1/4개, 마늘 4알, 생강 3g

조리방법

1. 알배추는 3×3cm 길이로 썰고, 무는 껍질을 벗긴 뒤 배추와 같은 크기로 나박 썬다.
2. 파프리카는 2×2cm 크기로 잘라 준비하고, 쪽파는 2cm 길이로 썬다.
3. 믹서에 김치국물 B 재료를 모두 넣어 곱게 갈아 준다.
4. 김치국물 A에 믹서에 간 김치국물 B를 면보에 넣어 적셔 가며 꼭 짠다.
5. 4에 알배추, 무, 파프리카, 쪽파를 넣고 고루 섞는다.

166 토마토미니깍두기

주재료 및 부재료

재료 무 100g, 부추 50g, 굵은 소금 1/2T

양념 토마토 3개, 고운고춧가루 3T, 까나리액젓 2T, 새우젓 2T, 찹쌀풀국 2T, 마늘 2알, 생강 2g

조리방법

1. 무는 껍질째 깨끗이 씻은 뒤 1cm 크기로 주사위 모양으로 썰고 부추는 송송 썬다.
2. 1.의 무에 소금을 뿌려 20분 동안 절인 뒤 물에 헹궈 물기를 뺀다.
3. 토마토는 십자로 칼집을 넣어 끓는 물에 데쳐 껍질을 벗기로 무와 같은 크기로 썬다.
4. 큰 그릇에 고춧가루, 찹쌀풀국, 새우젓은 다져 넣고 마늘과 생강도 다져 넣는다.
5. 4.에 무와 부추를 넣고 버무린 후 토마토를 넣어 버무린다.

167 파프리카오미자물김치

주재료 및 부재료

재료 대추 5개, 파프리카(빨강, 노랑, 초록) 각 1개, 물 1L, 밀가루 1T

김치국물 다진 생강 2T, 다진 마늘 2T, 초피액젓 5T, 고운소금 1T, 오미자청 1c

조리방법

1. 밀가루풀물(물 1L, 밀가루 1T)을 쑤어 식힌다.
2. 대추는 깨끗이 씻어 물기를 닦은 후 돌려 깎아 씨를 제거한 후 곱게 채 썬다.
3. 파프리카는 씨를 제거하고 2cm×2cm 크기로 깍둑 썰고 배는 껍질을 벗기고 파프리카와 같은 크기로 썬다.
4. 볼에 풀물을 담고 파프리카와 배, 대추, 김치국물 재료를 모두 섞어 간을 한다.

168 표고버섯장아찌

주재료 및 부재료

재료 건표고 200g, 표고 불릴 물 4cup
절임장 진간장 3T, 국간장 2T, 다시마 물 3cup, 다시마 (5cm) 1장, 건고추 1개, 대파 5cm, 설탕 1T, 통후추 1/2T

조리방법

1. 표고버섯은 흐르는 물에 깨끗이 씻은 후 찬물에 넣고 4시간 동안 불린다.
2. 불린 표고버섯은 물기를 짜고 버섯기둥을 자른다.
3. 용기에 표고버섯을 채워 넣는다.
4. 냄비에 절임장 재료를 모두 넣어 팔팔 끓인 후 식힌다.
5. 식힌 절임장은 고추를 제외한 재료를 걸러 내고 표고버섯이 들어 있는 용기에 붓는다.

169 풋고추소박이

주재료 및 부재료

재료 풋고추 500g, 당근 1/4개, 부추 150g, 물 1cup, 굵은 소금 1/4cup, 맛국물 1cup, 찹쌀가루 3T

양념 고춧가루 3T, 다진 마늘 1T, 다진 생강 1/4T, 멸치액젓 5T, 매실청 3T, 깨소금 2T

조리방법

1. 풋고추는 깨끗이 씻은 후 한 면에 일자로 칼집을 넣어 소금물(물 1cup, 굵은 소금 1/4cup)에 1시간 동안 절인다.
2. 당근과 부추는 곱게 다진다.
3. 찹쌀풀(맛국물 1cup, 찹쌀가루 3T)은 쑤어 식힌 후 당근과 부추를 넣고 양념재료를 모두 넣어 양념소를 만든다.
4. 절인 풋고추에 소를 채워 넣는다.

170 호박잎채소말이

주재료 및 부재료

재료 호박잎 5장, 양파 1/2개, 노랑 파프리카 1/2개, 빨강 파프리카 1/2개, 파랑 파프리카 1/2개, 식초 3Ts, 설탕 1/2Ts, 매실청 2Ts, 소금 1/4Ts

조리방법

1. 호박잎을 깨끗이 손질하여 끓는 물에 데친다.
2. 양파는 채를 썬다.
3. 노랑 · 빨강 · 파랑 파프리카는 채를 썬다.
4. 식초, 설탕, 매실청, 소금 분량을 넣고 섞는다.
5. 호박잎에 소스를 제외한 모든 재료를 얹어 돌돌 말아 준다.
6. 5를 적당한 크기로 썰고 소스를 뿌린다.

171 홍시배추김치

주재료 및 부재료

재료 배추 2포기, 홍시 2개, 무 1/2개, 갓 150g, 미나리 100g, 쪽파 100g, 물 3L, 굵은 소금 3cup, 찹쌀 100g, 맛국물 3cup

양념 고춧가루 3cup, 다진 마늘 4T, 다진 생강 1T, 초피액젓 10T, 새우젓 150g, 갈치속젓 100g

조리방법

1. 배추는 밑동을 도려내고 1/3까지 칼집을 4등분 넣어 손힘으로 가른다.
2. 배추는 소금물(물 3L, 굵은 소금 3c) 에 9시간 동안 절인 뒤 물기를 뺀다.
3. 찹쌀풀(찹쌀 100g, 맛국물 3cup)은 쑤어 식힌다.
4. 홍시는 껍질을 벗겨 씨를 제거한 뒤 으깬다.
5. 무, 갓, 미나리, 쪽파는 2cm 길이로 썰어 홍시와 함께 버무린다.
6. 5.에 남은 양념 재료를 모두 섞어 김치 속을 만든다.
7. 절인 배추에 속을 켜켜이 넣어준 뒤 실온에서 2일 동안 익힌다.

172 황태장아찌

주재료 및 부재료

재료 황태채 50g
양념 고추장 1cup, 간장 1T, 조청 5T, 통깨 1T, 다진 마늘 1t, 생강즙 1/2t, 매실액 2T, 청주 1T

조리방법

1. 황태는 지느러미와 뼈 잔가시를 빼고 5cm 길이로 썰어서 물에 담갔다가 물기를 짠다.
2. 양념 재료를 모두 섞어 양념을 만든다.
3. 볼에 황태채와 양념을 고루 버무린다.
4. 용기에 황태장아찌를 담고 공기가 들어가지 않게 랩을 씌운다.

제 3 부 그밖의 김치 담그기

1. 최근 개발 중의 김치
2. 김치소믈리에

1. 최근 개발 중의 김치

01 고구마순김치

주재료 및 부재료

재료 고구마순 300g, 부추 70g, 양파 1/4개, 쪽파 10g
양념 고춧가루 4T, 까나리액젓 2T, 새우젓 1/2T, 다진 마늘 1T, 다시마 물 2T, 깨소금 1/2T, 설탕 3g

조리방법

1. 고구마순은 잎을 떼어내고 줄기를 4등분으로 꺾어가며 껍질을 벗긴다.
2. 껍질 벗긴 고구마순은 끓는 소금물에 2~3분 동안 데쳐 푸른색이 돌면 건져내 찬물에 헹궈 채반으로 물기를 뺀다.
3. 양파는 얇게 채 썰고, 부추와 쪽파는 4등분하여 썬다.
4. 양념 재료는 모두 섞어 양념을 만든다.
5. 볼에 모든 재료와 양념을 넣어 고루 버무린다.

02 곤달비장아찌

주재료 및 부재료

재료 곤달비 80장
절임장 간장 1cup, 물 1cup, 식초 1cup, 매실 진액 1/4cup, 설탕 1/2cup, 땡초고추 10개, 다시마 (5cm) 1장

조리방법

1. 곤달비는 한 장씩 흐르는 물에 깨끗이 씻은 후 물기를 뺀다.
2. 보관 용기에 손질한 곤달비를 차례대로 담아 곤달비가 떠오르지 않도록 무거운 것으로 누른다.
3. 절임장 재료를 모두 냄비에 넣고 팔팔 끓인 후 다시마만 건져내고 식힌다.
4. 2에 식힌 절임장을 붓는다.

03 골곰짠지

주재료 및 부재료

재료 무말랭이 50g, 말린 배춧잎 50g, 고춧잎 20g, 엿기름 가루 1/2cup
양념 찹쌀풀(엿기름물 2cup, 찹쌀가루 2T) 1cup, 고춧가루 1cup, 다진 마늘 3T, 멸치액젓 1cup, 다진 생강 1t, 멸칫가루 2T, 고추씨 3T, 물엿 1/2cup

조리방법

1. 무말랭이와 고춧잎은 물에 담가 살짝 불린다.
2. 배추는 소금에 절인 후 햇볕에 말리고 따뜻한 물에 씻어 한 입 크기로 썬다.
3. 엿기름 가루에 물 2cup을 붓고 체에 밭쳐 엿기름물을 만든 후 찹쌀가루를 넣고 풀을 쑨다.
4. 찹쌀풀에 양념 재료를 모두 섞는다.
5. 무말랭이와 고춧잎, 배추에 양념을 버무려준 후 냉장 보관한다.

04 곰취김치

주재료 및 부재료

재료 곰취 200g, 무 200g, 실파 50g, 미나리 50g, 밤 5개, 홍고추 2개, 배 1/2개, 마늘 3개, 생강 10g
양념 고춧가루 1/2cup, 까나리액젓 3T, 매실청 2T, 소금 2g

조리방법

1. 무는 5×0.2×0.2cm로 채 썰어 고춧가루에 버무려 놓는다.
2. 배도 4×0.2×0.2cm로 채 썰고 나서 설탕물에 담갔다가 물기를 뺀다.
3. 실파, 미나리, 홍고추는 3cm 길이로 썰고, 마늘, 생강, 밤, 대추도 0.3cm 두께로 채 썰어 준비한다.
4. 양념 재료를 모두 섞어 양념을 준비한다.
5. 양념에 1, 2, 3 재료를 모두 섞어 소를 준비한다.
6. 곰취를 펼쳐 소를 가지런히 넣고 잘 말아준다.

05 깻잎된장장아찌(깻잎장아찌)

주재료 및 부재료

재료 깻잎 20 묶음, 물 5cup, 소금 1/2cup
양념 된장 2cup, 조청 1/2cup, 고춧가루 1T, 육수 1/2cup, 통깨 1T
육수 물 2cup, 대파 1/2대, 마늘 1/2통, 국물용 멸치 10 마리, 다시마 (10cm) 1장, 양파 1/4개

조리방법

1. 냄비에 육수 재료를 모두 넣고 다시마는 5분 정도 끓인 뒤 먼저 건져내고 20분 동안 뭉근하게 끓인 후, 나머지 건더기는 채에 걸러 육수를 준비한다.
2. 깻잎은 한 장씩 흐르는 물에 씻어 소금물(물 5cup, 소금 1/2cup)에 절인 후 물기를 제거 한다.
3. 육수에 된장, 조청, 고춧가루, 통깨를 넣고 잘 섞어 양념 된장을 만든다.
4. 용기에 절인 깻잎 4~5장을 얹고 그 위에 양념 된장을 켜켜이 쌓아 담는다.
5. 맨 위에 남은 된장을 듬뿍 얹는다.

06 도라지오이생채

주재료 및 부재료

재료 도라지 150g, 오이 1/2개, 양파 1/6개, 물 3cup, 굵은 소금 1T
양념 고춧가루 2T, 식초 2.5T, 설탕 1T, 다진 마늘 1T, 다진 파 1/2t, 구운 소금 2g, 깨소금 2g

조리방법

1. 도라지는 배를 갈라 껍질을 벗긴 뒤 길쭉하고 얇게 썬다.
2. 손질한 도라지는 소금물 (물 3cup, 굵은 소금 1T) 에 넣어 조물조물 주물러 20분 동안 절였다가 쓴맛이 우러나면 물에 헹군 후 건져내 물기를 뺀다.
3. 양파는 채 썰고 오이는 반 잘라 어슷 썬다.
4. 어슷썬 오이는 소금을 살짝 뿌려 절인 뒤 물기를 뺀다.
5. 볼에 양념 재료를 모두 넣고 섞어 양념을 만든다.
6. 볼에 도라지, 오이, 양파를 넣고 양념으로 고루 버무린다.

07 돌미나리김치

주재료 및 부재료

재료 돌미나리 100g, 당근 30g, 쪽파 10g
양념 고춧가루 5T, 멸치액젓 3T, 다진 마늘 2T, 찹쌀풀국 3T, 통깨 1t

조리방법

1. 돌미나리는 억센 잎을 정리하고 질긴 줄기는 칼로 잘라낸 후 흐르는 물에 씻는다.
2. 볼에 미나리를 세워 담고, 줄기 부분에 액젓을 끼얹어 20분 동안 절인다. 이 때, 중간에 한 번씩 뒤집어 가며 절인다.
3. 당근과 쪽파는 5cm 길이로 채 썬다.
4. 미나리 줄기가 절여지면 뿌렸던 액젓을 따라 내고 그 액젓에 나머지 김치 양념 재료를 섞어 양념을 만든다.
5. 볼에 돌미나리, 당근, 쪽파를 함께 담고 양념을 넣어 버무린다.

08 동치미무김치

주재료 및 부재료

재료 동치미 무 1/2개, 동치미 갓 5g, 동치미 무청 5g
양념 동치미 국물 2T, 고춧가루 1/2T, 다진 마늘 1/2T, 다진 파 1t, 통깨 2g, 참기름 2g

조리방법

1. 동치미 무는 채 썰어 준비하고, 무청과 갓도 먹기 좋은 크기로 썬다.
2. 1에 참기름을 제외한 모든 양념 재료를 넣어 무친다.
3. 마지막으로 참기름을 넣어 무친다.

09 돼지감자김치

주재료 및 부재료

재료 돼지감자 1kg, 부추 100g, 물 1L, 굵은 소금 1/2cup, 맛국물 1cup, 찹쌀가루 3T, 들깻가루 2T
양념 고춧가루 3T, 다진 마늘 1T, 다진 생강 1/4T, 초피액젓 2T, 새우젓 1/2T

조리방법

1. 돼지감자는 껍질을 손질한 후 소금물 (물 1L, 굵은 소금 1/2cup)에 1시간 동안 절인 후에 물로 헹구고 먹기 좋은 크기로 자른다.
2. 찹쌀풀 (맛국물 1cup, 찹쌀가루 3T, 들깻가루 2T)을 쑤어 식힌다.
3. 부추는 2cm 길이로 썬다.
4. 볼에 돼지감자와 부추, 양념 재료를 모두 섞어 버무린다.
5. 김치통에 담아 실온에서 2일 동안 익힌 뒤 냉장 보관한다.

10 막김치

주재료 및 부재료

재료 배추 1/4통, 무 300g, 쪽파 10g, 물 1/2cup, 굵은 소금 3T
양념 A 고춧가루 3T, 찹쌀풀국 3T, 설탕 1t, 깨소금 1/2t
양념 B 멸치액젓 1T, 새우젓 1/2T, 마늘 5알, 생강 2g

조리방법

1. 배추는 3cm 크기로 나박썰고 무는 껍질을 벗겨 배추 크기에 맞춰 나박 썬다.
2. 소금물 (물 1/2cup, 굵은 소금 3T)을 만들어 배추는 1시간, 무는 30분 동안 절인다.
3. 절여진 배와 무는 헹군 뒤 물기를 뺀다.
4. 양념 B를 믹서에 넣고 간다.
5. 볼에 갈아놓은 양념 B를 넣고 나머지 양념 A와 함께 섞어 양념을 만든다.
6. 쪽파는 4cm 길이로 썬다.
7. 절인 무와 배추, 쪽파, 양념을 모두 버무린다.

11 명태김치

주재료 및 부재료

재료 무 4kg, 배추 2.5kg, 명태 1kg, 굵은 소금 2cup, 쪽파 100g, 갓 300g, 미나리 200g, 대파(흰 부분) 4대, 물 2L, 소금 2cup
양념 마늘 1cup, 다진 생강 2T, 고춧가루 3cup, 새우젓 1/2cup, 소금 2g

조리방법

1. 무는 깨끗이 문질러 씻은 후 5cm로 토막을 내고 세워서 반을 잘라 2cm 두께로 썰어 소금에 절이고 물기를 뺀다.
2. 배추는 겉잎을 떼어 내고 반으로 쪼갠 후 소금물(물 2L, 소금 2cup)에 담아 6시간 동안 절인 후 물에 헹구어 물기를 제거하고 4cm 길이로 썬다.
3. 쪽파와 갓, 미나리는 깨끗이 다듬은 후 4cm 길이로 썰고 대파는 흰 부분만 어슷하게 채 썬다.
4. 명태는 비늘과 내장, 아가미를 제거하고 반을 갈라 소금을 뿌려 하룻밤 절여 두었다가 물기를 제거한다.
5. 절인 무와 배추에 고춧가루를 넣고 버무린 후 양념 재료를 모두 넣어 잘 섞는다.
6. 5에 갓, 미나리, 대파를 넣고 잘 섞은 후 4cm 길이로 토막 낸 명태를 넣고 소금으로 간한다.

12 모재기겉절이

주재료 및 부재료

재료 생모재기 150g, 무 1/2개, 배 1/2개, 쪽파 50g
양념 고춧가루 2T, 다진 마늘 1T, 다진 생강 1/4T, 초피액젓 4T, 식초 1T, 통깨 2T

조리방법

1. 모재기는 깨끗이 씻은 후 끓는 물에 살짝 데치고 찬물로 헹궈 3cm 길이로 잘라 물기를 빼 준다.
2. 배와 무는 곱게 채 썬다.
3. 쪽파는 3cm 길이로 썬다.
4. 볼에 모재기, 배, 무, 쪽파를 넣고 양념 재료를 한데 섞어 잘 버무린다.

13 미나리사과물김치

주재료 및 부재료

재료 사과 1/4개, 미나리 30g, 쪽파 2g, 홍고추 1/2개
김치 국물 물 2cup, 양파 1/6개, 마늘 2알, 사과 1/4개, 고춧가루 1T, 구운 소금 2T

조리방법

1. 사과는 반을 잘라 껍질째 잘게 썰고, 미나리는 잎부분을 정리하여 줄기만 4cm 길이로 썬다.
2. 쪽파는 4cm 길이로 썰고, 홍고추는 씨를 제거하여 채 썬다.
3. 믹서에 양파와 마늘, 사과와 물 약간을 넣고 잘 간다.
4. 면보에 갈아 준 양념을 넣고 물에 적셔 가며 국물을 짠다.
5. 거름망에 고춧가루를 넣어 4에 고춧물을 우린다.
6. 5에 사과와 미나리, 쪽파, 홍고추를 넣고 소금으로 간한다.

14 배추무동치미

주재료 및 부재료

재료 절인 배추 1포기, 조선무 1개, 쪽파 10g, 청갓 10g, 삭힌 고추 6개, 땡초고추 10개, 불린 청각 20g, 물 5cup, 굵은 소금 1/2cup
김치 국물 A 물 4L, 구운 소금 2T
김치 국물 B 배 1개, 생강 15g

조리방법

1. 무는 5×1cm 크기로 썰어 소금물(물 5cup, 굵은 소금 1/2cup)에 30분 동안 절인다.
2. 청갓은 깨끗이 손질한 후 미리 절여놓은 무와 함께 절인다.
3. 믹서에 김치 국물 B를 갈아 준다.
4. 김치 국물 A에 갈아준 김치 국물 B를 체에 걸러 잘 섞은 후 소금으로 간한다.
5. 김치통에 절인 배추와 무, 삭힌 고추, 절인 갓을 담고 청각은 물기를 짠 뒤 넣어 준다. 땡초 고추는 기호에 따라 넣는다.
6. 김치통에 김치 국물을 넣어 완성한다.

15 배추무섞박지

주재료 및 부재료

재료 배추 1kg, 무 450g, 쪽파 100g, 물 1L, 굵은 소금 1cup, 맛국물 3cup, 불린 찹쌀 100g
양념 고춧가루 7T, 다진 마늘 2T, 다진 생강 1/2T, 초피액젓 5T, 매실청 3T, 새우젓 2T

조리방법

1. 배추는 밑동을 자른 후 3×3cm로 잘라 소금물(물 1L, 굵은 소금 1cup)에 4시간 동안 절여 소쿠리에 밭쳐 물기를 뺀다.
2. 무는 3×3×0.5cm 크기로 썰어 소금물에 1시간 동안 절인 뒤 물에 헹궈 소쿠리에 밭쳐 물기를 빼 준다.
3. 찹쌀죽(맛국물 3cup, 불린 찹쌀 100g)은 끓여 식힌 후 재료를 모두 넣어 양념을 만든다.
4. 쪽파는 3cm 길이로 썬다.
5. 볼에 배추, 무, 쪽파를 넣고 양념을 넣어 고루 버무린 후 하루 동안 실온에서 익힌 뒤 냉장 보관한다.

16 배추뿌리김치

주재료 및 부재료

재료 배추 뿌리 1kg, 갓 30g, 쪽파 50g, 맛국물 1cup, 찹쌀가루 4T
양념 고춧가루 3T, 다진 마늘 1T, 다진 생강 1/4T, 초피액젓 2T, 새우젓 1T

조리방법

1. 배추 뿌리는 깨끗이 손질한 후 껍질을 벗겨 2×2cm 길이로 썬다.
2. 갓과 쪽파는 2cm 길이로 썬다.
3. 찹쌀풀(맛국물 1cup, 찹쌀가루 4T)은 쑤어 식힌다.
4. 식힌 찹쌀풀에 양념 재료를 모두 넣고 배추 뿌리와 갓, 쪽파를 함께 넣어 고루 버무린다.

17 보르도무동치미

주재료 및 부재료

재료 보르도무 3개, 굵은 소금 3cup, 물 5cup,
김치 국물 물 20cup, 소금 4T, 매실청 2T
배 주머니 생강 20g, 배 1/2개, 절임고추 5개, 홍갓 50g, 쪽파 20g, 고추씨 1T

조리방법

1. 보르도무는 먹기 좋은 크기로 나박 썬 후 소금물에 절인다.
2. 홍갓은 깨끗이 손질한 후 2cm 길이로 썬다.
3. 배 주머니에 재료를 모두 넣어준 후 준비한다.
4. 잘 절인 보르도무는 김치통에 배 주머니를 먼저 깔고 그 위에 무와 홍갓, 쪽파를 올린 후 김치 국물을 붓고 소금으로 간한다.

18 봄동겉절이

주재료 및 부재료

재료 봄동 1포기, 홍고추 1개, 물 2cup, 굵은 소금 2T
양념 집간장 2T, 고춧가루 3T, 설탕 1t, 밀가루풀국 1T, 통깨 1/2t

조리방법

1. 봄동은 한 장씩 흐르는 물에 깨끗이 씻은 후 3등분 한다.
2. 손질한 봄동은 소금물에 30분 동안 절인 후 물기를 뺀다.
3. 고추는 어슷 썰어 준비한다.
4. 양념 재료를 모두 섞어 양념을 만든다.
5. 볼에 봄동과 홍고추를 넣고 양념을 고루 섞는다.

19 봄동사과겉절이

주재료 및 부재료

재료 봄동 1포기, 쪽파 5g, 홍고추 1개, 사과 1/4개
양념 고춧가루 3T, 간장 1T, 다시마 물 3T, 설탕 1t, 깨소금 1t, 통깨 1/2t

조리방법

1. 봄동은 한 장씩 흐르는 물에 깨끗이 씻은 후 3등분 한다.
2. 사과는 소금으로 깨끗하게 씻은 후 반으로 잘라 껍질째 얇게 썬다.
3. 고추는 어슷 썬다.
4. 양념 재료를 모두 섞어 양념을 만든다.
5. 볼에 봄동과 홍고추, 사과를 넣고 양념을 고루 섞는다.

20 산딸기물김치

주재료 및 부재료

재료 무 600g, 고운 소금 1T, 배 1/2개, 쪽파 30g, 산딸기 1cup, 물 1L, 밀가루 1T
양념 다진 마늘 1T, 다진 생강 1/4T, 초피액젓 4T

조리방법

1. 무는 깨끗이 손질한 후 2×2×0.5cm 크기로 나박 썰고 소금에 버무려 30분 동안 절여 물기를 뺀다.
2. 산딸기는 흐르는 물에 살살 씻는다.
3. 배는 강판에 갈아 즙을 낸다.
4. 쪽파는 1cm 길이로 송송 썬다.
5. 밀가루풀(물 1L, 밀가루 1T)은 쑤어 식힌 후 배즙과 초피액젓을 넣고 섞는다.
6. 베주머니에 다진 마늘과 다진 생강을 넣는다.
7. 볼에 무, 쪽파를 넣고 양념과 베주머니를 넣어 섞은 후 산딸기를 띄운다.
8. 12시간 동안 실온에서 익힌 후 냉장 보관한다.

21 석류보쌈김치

주재료 및 부재료

재료 무 1개, 굴 1cup, 새우 1/2cup, 미나리 50g, 대파 50g, 표고버섯 2개, 밤 3개, 대추 3개, 배춧잎 10장

양념 다진 생강 2T, 고춧가루 1/2cup, 조기젓국 1/2cup, 소금 5T, 잣 1T, 실고추 2g, 마늘 2t, 통깨 2g, 석류 1개

조리방법

1. 석류는 껍질을 벗기고 한 알씩 떼서 준비한다.
2. 무는 깨끗이 씻어 5cm 길이로 토막낸 후 가로 세로 8mm 길이로 칼집을 넣고 소금물로 절인 후 사방 2cm로 칼집을 넣는다.
3. 굴과 새우는 소금물로 씻은 후 건져 놓고, 조기젓국은 끓여 체로 건더기를 제거해 맑은 젓국을 만든다.
4. 남은 무와 배는 껍질을 벗겨 채 썬다.
5. 미나리는 5cm 길이로 썬다.
6. 표고는 물에 불려 꼭지를 뗀 후 채 썰고, 밤과 대추는 채 썬다.
7. 볼에 모든 재료를 담아 버무린 후 쟁반에 배춧잎을 펴서 그 위에 무를 세워 사이사이에 양념을 넣는다.

22 소금고추장아찌

주재료 및 부재료

재료 매운 고추 40개, 물 3cup, 굵은 소금 1/3cup, 식초 3T

양념 고춧가루 2T, 간장 4T, 다시마 물 8T, 다진 마늘 4t, 쪽파 4T, 설탕 4t, 통깨 4t, 참기름 4t

조리방법

1. 고추는 단단하고 매운 것을 골라 깨끗이 씻은 후 물기를 제거한다.
2. 고추의 꼭지는 손으로 집어 먹을 수 있을 정도의 길이로 잘라 손질한다.
3. 용기에 손질한 고추를 담는다.
4. 물에 소금을 넣어 팔팔 끓인 후 완전히 식으면 식초를 넣어 용기에 담긴 고추에 부어주고 고추가 노랗게 삭을 때까지 서늘한 곳에 보관한다.
5. 삭은 고추는 찬물에 30분 정도 담가 짠기를 빼고 양념 재료를 모두 섞어 버무린다.

23 수박김치

주재료 및 부재료

재료 수박껍질 300g, 물 1T, 굵은 소금 1T
양념 고춧가루 3T, 구운소금 1T, 다진 마늘 1/2t, 다시마 물 1T, 설탕 1/2t, 통깨 1/2t

조리방법

1. 수박 껍질에 남은 붉은 과육은 숟가락을 이용해 긁어 제거한 뒤 필러를 이용해 수박 겉 껍질을 얇게 벗긴다.
2. 손질한 수박 껍질은 한 입 크기로 자른다.
3. 수박 껍질을 소금물(물 1T, 굵은 소금 1T)에 1시간 동안 절인 후 물기를 제거한다.
4. 통깨를 제외한 양념 재료를 모두 섞어 양념을 만든다.
5. 절인 수박과 껍질을 버무린 후 통깨를 뿌려 마무리한다.

24 쌈배추김치

주재료 및 부재료

재료 쌈배추 2포기, 쪽파 5g, 당근 20g, 무 40g, 물 5cup, 굵은 소금 1/2cup
양념 A 고춧가루 1/2cup, 찹쌀풀국 1/2cup, 다시마 물 1/4cup, 설탕 1t, 깨소금 1t
양념 B 새우젓 2T, 까나리액젓 3T, 마늘 7알, 생강 5g

조리방법

1. 배추는 밑동을 제거한 뒤 깨끗이 손질하여 반으로 자른다.
2. 소금물 (물 5cup, 굵은 소금 1/2cup)에 배추를 넣어 20분 동안 절여준 후 사이사이에 소금을 뿌려 중간마다 뒤집어가며 4시간 동안 절인다.
3. 배추가 절여지면 맑은 물에 두어 번 헹군 뒤 자른 면이 밑으로 가도록 채반에 건져 물기를 뺀다.
4. 당근과 무, 쪽파는 4cm 길이로 채 썬다.
5. 양념 B를 믹서에 넣고 곱게 갈아 준다.
6. 볼에 양념 A와 갈아준 양념 B를 섞어 양념을 만든다.
7. 절인 배추에 양념을 켜켜이 고루 펴 발라 김치를 완성한다.

25 씀바귀김치

주재료 및 부재료

재료 씀바귀 1kg, 쪽파 100g
양념 다진 마늘 2T, 생강 1t, 고춧가루 1cup, 멸치액젓 2/3cup, 찹쌀풀 3T, 매실청 3T, 소금 2g, 통깨 2g

조리방법

1. 씀바귀를 깨끗이 다듬어 소금물(물 5cup, 굵은 소금 1/2cup)에 3일 정도 삭혀 쓴맛을 제거한 후 여러 번 헹궈 물기를 제거한다.
2. 쪽파는 5cm 길이로 썬다.
3. 양념 재료를 모두 섞어 양념을 만든다.
4. 볼에 씀바귀와 쪽파를 넣고 양념을 고루 버무린다.

26 아카시아꽃물김치

주재료 및 부재료

재료 아카시아 꽃 100g, 무 500g, 홍고추 1개, 굵은 소금 1T, 물 1L, 밀가루 1T
양념 고춧가루 1T, 다진 생강 1/4T, 죽염 1T

조리방법

1. 아카시아는 꽃만 따서 준비한다.
2. 무는 깨끗이 씻은 후 2×2×0.5cm 크기로 썰어 굵은 소금에 30분 동안 절인다.
3. 밀가루풀물 (물 1L, 밀가루 1T)을 쑤어 식힌 후 거름망에 고추가루를 걸러 넣는다.
4. 홍고추는 씨를 제거하고 어슷 썬다.
5. 볼에 무, 쪽파, 홍고추, 고추가루를 푼 밀가루풀물과 죽염을 넣은 후 다진 마늘과 다진 생강을 넣은 베주머니를 함께 담가 아카시아 꽃을 띄어 실온에서 12시간 동안 익힌 후 냉장 보관한다.

27 야콘깍두기

주재료 및 부재료

재료 야콘 1kg, 갓 50g, 맛국물 1cup, 찹쌀 4T
양념 고춧가루 3T, 다진 생강 1T, 죽염 2T

조리방법

1. 야콘은 깨끗이 손질한 뒤 껍질을 벗겨 깍둑 썬다.
2. 갓과 쪽파는 송송 썬다.
3. 찹쌀죽(맛국물 1cup, 찹쌀 4T)을 쑤어 식힌다.
4. 볼에 야콘, 갓, 찹쌀죽, 그리고 양념 재료를 모두 넣어 버무린다.

28 양파식초간장장아찌

주재료 및 부재료

재료 햇양파 6개, 청양고추 1개, 홍고추 1개
절임장 식초 1cup, 간장 1/2cup, 설탕 1/2cup, 물 1cup

조리방법

1. 양파는 먹기 좋은 크기로 잘라 준비하고 고추는 어슷썰어 준비한다.
2. 용기에 양파와 고추를 담는다.
3. 냄비에 절임장 재료를 모두 넣어 팔팔 끓인다.
4. 뜨거운 상태의 절임장을 용기에 붓는다.

29 연근김치

주재료 및 부재료

재료 연근 1kg, 맛국물 1cup, 찹쌀가루 3T, 들깻가루 2T
양념 고춧가루 3T, 다진 생강 1/4T, 구운소금 3T, 매실청 2T

조리방법

1. 연근은 껍질을 벗기고 깨끗이 손질한 후 모양을 그대로 살려 얇게 썬다.
2. 끓는 물에 연근을 30초 동안 데친 후 찬물로 헹궈 물기를 뺀다.
3. 찹쌀풀 (맛국물 1cup, 찹쌀가루 3T, 들깻가루 2T)을 쑤어 식힌다.
4. 볼에 연근과 쪽파, 찹쌀풀, 그리고 양념 재료를 모두 넣어 잘 버무린다.

30 열무배추물김치

주재료 및 부재료

재료 열무 1단, 배추 1단, 양파 1개, 물 1cup, 굵은 소금 3T, 물 1L , 밀가루 1T
양념 홍고추 7개, 다진 마늘 1T, 다진 생강 1/4T, 초피액젓 7T, 배 1개

조리방법

1. 열무와 배추는 흐르는 물에 깨끗이 손질한 뒤 4cm 길이로 썬 후 소금물(물 1cup, 굵은 소금 3T)에 30분 동안 절인 뒤 물기를 뺀다.
2. 양파는 곱게 채 썬다.
3. 홍고추는 믹서에 간다.
4. 밀가루풀물(물 1L , 밀가루 1T)은 쑤어 식힌다.
5. 밀가루 풀물에 양념 재료와 갈아 둔 홍고추를 섞어 양념을 만든 후 열무와 배추, 양파를 함께 넣어 잘 버무린다.

31 오이소박이물김치

주재료 및 부재료

재료 오이 5개, 물 5cup, 굵은 소금 5T
김치소 부추 40g, 홍고추 1개, 양파 1/4개, 마늘 2알, 새우젓국 1/2T, 생강즙 1/3t, 찹쌀풀국 1T
김치국물 물 3cup, 구운 소금 1T, 마늘 2알, 생강 2g, 대파 (흰부분) 5cm

조리방법

1. 오이는 소금으로 문질러 씻은 후 4토막 내고 , 끝에 1cm 정도를 남기고 열십자 모양으로 칼집을 넣는다.
2. 소금물(물 5cup, 굵은 소금 5T)에 오이를 넣고 3시간 동안 절인 뒤 물기를 뺀다.
3. 마늘과 양파는 곱게 채 썰고, 고추는 씨를 제거한 후 채 썬다.
4. 부추는 2cm 길이로 썰고, 생강은 강판에 갈아 생강 즙을 낸다.
5. 마늘과 양파, 고추, 부추 그리고 생강 즙에 새우젓국과 찹쌀풀국을 버무려 김치소를 만든다.
6. 절인 오이에 소를 채워 넣는다.
7. 믹서에 약간의 물과 대파, 마늘, 생강을 넣고 곱게 갈고나서 물과 남은 김치소와 섞어 소금으로 간한 후 오이소박이와 함께 담는다.

32 오이송송이

주재료 및 부재료

재료 오이 1개, 부추 20g, 굵은 소금 1/2T
양념 고춧가루 1T, 멸치액젓 1/2T, 다시마 물 1/2T, 다진 마늘 1t, 깨소금 1/2t, 설탕 2g

조리방법

1. 오이는 소금으로 문질러 씻은 후 4등분 하여 먹기 좋은 크기로 송송 썰고, 부추는 2cm 길이로 썬다.
2. 자른 오이는 소금을 뿌려 15분 동안 절인 후 물기를 뺀다.
3. 양념 재료를 모두 섞어 양념을 만든다.
4. 볼에 절인 오이와 부추 그리고 양념을 섞어 잘 버무린다.

33 오이식초간장아찌

주재료 및 부재료

재료 오이 2개, 청양고추 1개, 홍고추 1개, 양파 1/4개
절임장 식초 1cup, 물 1cup, 간장 1/2cup, 설탕 1/2cup

조리방법

1. 오이는 소금으로 문질러 씻은 후 모양을 살려 먹기 좋은 크기로 썰고, 양파는 한 입 크기로 썬다.
2. 고추는 어슷 썬다.
3. 냄비에 절임장 재료를 넣어 팔팔 끓인다.
4. 용기에 고추와 오이, 양파를 넣고 끓인 절임장을 붓는다.

34 오이지

주재료 및 부재료

재료 백오이 10개, 물 15cup, 굵은 소금 2cup
양념 고춧가루 1/2T, 다진 마늘 1t, 다진 파 1t, 깨소금 1/2t, 설탕 2g

조리방법

1. 오이는 소금으로 문질러 씻은 후 물에 잘 헹구워 말린다.
2. 용기에 깨끗이 씻은 오이를 담고 떠오르지 않도록 무거운 것으로 누른다.
3. 냄비에 소금물 (물 15cup, 굵은 소금 2cup)을 팔팔 끓인 뒤 용기에 붓는다.
4. 오이지는 뚜껑을 덮어 서늘한 곳에서 2주 동안 노랗게 삭힌다.

35 유채무섞박지

주재료 및 부재료

재료 유채 200g, 무 400g, 굵은 소금 1T, 쪽파 5g, 맛국물 1/2cup, 찹쌀가루 2T
양념 고춧가루 3T, 다진 마늘 1/2T, 다진 생강 1/4T, 초피액젓 2T, 새우젓 1T, 매실청 1T, 깨소금 1T

조리방법

1. 유채는 4cm 길이로 썰고, 무는 2cm×2cm×0.2cm 크기로 썰어 굵은 소금으로 1시간 동안 절인 후 물에 헹구고 체에 밭쳐 물기를 뺀다.
2. 찹쌀풀(맛국물 1/2cup, 찹쌀가루 2T)은 쑤어 식힌다.
3. 찹쌀풀에 양념 재료를 모두 넣어 섞어 양념을 만든다.
4. 볼에 모든 재료를 넣어 잘 버무린 후 실온에 8시간 동안 익힌다.

36 유채토마토겉절이

주재료 및 부재료

재료 유채 잎 100g, 토마토 1개, 통깨 1/2t
양념 고춧가루 2/3T, 식초 2T, 다진 마늘 1t, 다진 파 1t, 설탕 1/2T, 구운 소금 1/3t, 올리브유 1/2T

조리방법

1. 유채는 누런 잎은 제거하고 흐르는 물에 깨끗이 씻은 후 손으로 먹기 좋은 크기로 자른다.
2. 토마토는 한 입 크기로 자른다.
3. 올리브유를 제외한 양념 재료를 모두 섞어 양념을 만든다.
4. 양념에 토마토를 버무린다.
5. 4에 유채를 넣고 가볍게 버무린 후 통깨와 올리브유를 넣는다.

37 자색고구마물김치

주재료 및 부재료

재료 자색 고구마 1개, 무 1/2개, 굵은 소금 2T, 미나리 100g, 쪽파 100g, 홍고추 2개, 배 1개, 물 1L, 밀가루 1T
양념 다진 마늘 1T, 다진 생강 1/4T, 초피액젓 2T

조리방법

1. 자색 고구마와 무는 깨끗이 손질한 후 껍질을 제거해 2×2×0.5cm 크기로 썰어 굵은 소금으로 30분 동안 절인다.
2. 밀가루풀물(물 1L, 밀가루 1T)은 쑤어 식힌다.
3. 미나리와 쪽파는 2cm 길이로 썰고, 홍고추는 어슷 썬다.
4. 배는 강판에 갈아 배즙을 낸다.
5. 볼에 자색 고구마와 무, 미나리, 쪽파, 홍고추를 넣고 배즙, 밀가루풀물을 넣어준 후 다진 마늘과 다진 생강이 들어간 베주머니를 담아 실온에 2일 동안 익힌다.

38 청각김치

주재료 및 부재료

재료 청각 500g, 김 2장, 마늘 30g
양념 멸치액젓 5T, 고춧가루 2T, 식초 2T, 소금 2g, 생강즙 10g
김치국물 물 3cup, 소금 1T

조리방법

1. 청각은 깨끗이 손질한 후 소금물에 살짝 데쳐서 잘게 썰어 물기를 뺀다.
2. 김은 불에 살짝 구운 후 봉지에 집어넣고 비벼 잘게 부순다.
3. 마늘은 편 썬다.
4. 양념 재료를 모두 섞어 양념을 만든다.
5. 양념에 청각과 마늘, 김, 생강즙을 고루 버무린 후 김치국물을 자작하게 붓는다.

39 치자물김치

주재료 및 부재료

재료 무 350g, 쪽파 5g
김치국물 물 5cup, 말린 치자 2개, 마늘 3알, 생강 3g, 양파 1/4개, 구운 소금 1T, 설탕 1/2T

조리방법

1. 무는 2×2×0.3cm 크기로 나박 썬다.
2. 쪽파는 2cm 길이로 썬다.
3. 냄비에 물을 붓고 치자를 쪼개 넣어 물이 팔팔 끓으면 5분 후 불을 끄고 그대로 식힌다.
4. 마늘, 생강, 양파, 치자물을 조금 넣고 믹서로 곱게 갈아준다.
5. 식힌 치자물에 4를 넣어 섞은 뒤 면보에 넣고 잘 걸러준 다음 소금과 설탕으로 간한다.
6. 5에 무와 쪽파를 넣어 완성한다.

40 콜라비단감물김치

주재료 및 부재료

재료 콜라비 3개, 단감 2개, 쪽파 10g, 대추 5개, 물 1L, 밀가루 1T
김치 국물 다진 마늘 1T, 생강즙 1T, 초피액젓 1T, 고운 소금 2T

조리방법

1. 콜라비와 단감은 껍질을 벗겨준 뒤 3×3×0.3cm 크기로 나박썰어 준비한다.
2. 밀가루풀물(물 1L, 밀가루 1T)을 쑤어 식힌다.
3. 쪽파는 1cm 길이로 썰고, 대추는 돌려깎아 씨를 제거한 뒤 돌돌 말아 채 썬다.
4. 볼에 모든 재료를 섞어준 후 실온에 1시간 동안 익힌다.

41 콜라비동치미

주재료 및 부재료

재료 콜라비 2개, 쪽파 5g, 청양고추 2개, 홍고추 1개, 굵은 소금 1T
김치 양념 물 6cup, 찹쌀풀국 3T, 배 1/4개, 마늘 4알, 생강 5g, 구운 소금 1/2T

조리방법

1. 콜라비는 끝부분을 잘라내고, 필러로 껍질과 섬유질을 발라낸 후 4×0.5×0.5cm 크기로 잘라 소금을 뿌려 2시간 동안 절인다.
2. 절인 콜라비에서 나오는 물은 버리지 않고 국물로 사용한다.
3. 쪽파는 4cm 길이로 썰고, 고추는 어슷썰어 준비한다.
4. 믹서에 배, 마늘, 생강과 물을 약간 넣어 곱게 갈아준다.
5. 생수에 콜라비와 쪽파, 고추를 넣고, 믹서에 갈아준 재료를 체에 걸러 내린 후 소금으로 간한다.

42 콜라비석류물김치

주재료 및 부재료

재료 콜라비 1개, 굵은 소금 1T, 석류 1/2개, 미나리 50g, 쪽파 5g, 사과 1/2개, 석류 원액 1/2cup, 물 1cup, 밀가루 1T, 고운 소금 1T

김치 국물 초피액젓 1T, 다진 마늘 1T, 다진 생강 1/4T

조리방법

1. 콜라비는 깨끗이 씻어 필러로 껍질을 손질한 후 1.5×1.5cm 크기로 나박썬 후 굵은 소금으로 30분 동안 절여준다. 절이면서 나온 물은 김치 국물로 사용한다.
2. 석류는 알갱이를 발라 낸다.
3. 밀가루풀물(물 1cup, 밀가루 1T, 고운 소금 1T)은 쑤어 식힌다.
4. 미나리와 쪽파는 송송 썰고, 사과는 껍질을 벗긴 후 1×1cm 크기로 나박 썬다.
5. 베주머니에 다진 마늘과 다진 생강을 넣어 준비한다.
6. 볼에 초피액젓과 모든 재료를 넣고 잘 버무린다.

43 콜라비섞박지

주재료 및 부재료

재료 콜라비 2개, 쪽파 50g, 찹쌀가루 2T, 맛국물 1/2cup

양념 고춧가루 3T, 다진 마늘 1T, 다진 생강 1/4T, 초피액젓 1T, 새우젓 1T, 통깨 1T

조리방법

1. 콜라비는 껍질을 제거한 후 한 입 크기로 깍둑 썬다.
2. 쪽파는 1cm 길이로 썬다.
3. 찹쌀풀(찹쌀가루 2T, 맛국물 1/2cup)은 쑤어 식힌다.
4. 볼에 모든 재료를 넣고 버무린 후 실온에 1시간 동안 익힌다.

44 콩잎물김치

주재료 및 부재료

재료 콩잎 140g, 홍고추 5개, 청양고추 5개, 양파 1개, 물 2L, 보릿가루 3T
양념 된장 3T, 다진 마늘 2T, 다진 생강 1t, 초피액젓 3T, 고운 소금 2t

조리방법

1. 콩잎은 흐르는 물에 한 장씩 깨끗이 씻은 후 물기를 빼고 가위로 꼭지를 잘라낸다.
2. 보릿가루풀물(물 2L, 보릿가루 3T)은 쑤어 식힌 후 양파와 된장과 함께 믹서에 넣어 곱게 갈아 준다.
3. 고추는 어슷 썬다.
4. 볼에 믹서에 갈아준 보릿가루풀물과 홍고추, 청양고추, 다진 마늘, 다진 생강, 초피액젓, 고운 소금을 넣어 고루 섞는다.
5. 4에 콩잎을 담갔다 꺼내어 김치통에 2~4 장씩 켜켜이 담고 무거운 것으로 콩잎을 눌러 준 뒤 실온에서 하루 정도 익힌다.

45 풋마늘대김치

주재료 및 부재료

재료 풋마늘대 300g, 물 6T, 굵은 소금 4T, 맛국물 1cup, 찹쌀가루 3T, 들깻가루 1T
양념 고춧가루 3T, 다진 생강 1/4T, 멸치액젓 3T, 매실청 1T

조리방법

1. 풋마늘대는 겉잎과 뿌리를 제거한 뒤 4cm 길이로 썬 후 소금물(물 6T, 굵은 소금 4T)에 넣어 1시간 동안 절여 물기를 뺀다.
2. 찹쌀풀(맛국물 1cup, 찹쌀가루 3T, 들깻가루 1T)은 쑤어 식힌다.
3. 찹쌀풀에 양념 재료를 모두 섞어 양념을 만든다.
4. 볼에 풋마늘대를 넣고 양념을 잘 버무린 후 실온에서 하루 동안 익힌다.

2. KIMCHI SOMMELIER

1. 김치소믈리에 개요

김치 소믈리에란?

가장 한국적이고 가장 세계적인 우리 고유의 한국 전통음식인 "김치"와 "김장문화"에 대한 이론과 지식, 실무를 겸비한 김치전문가를 말한다.

2. 김치소믈리에 필요성

김치소믈리에 과정, 자격증도입 배경/필요성

- 한국인의 가장 기호식으로 외국인들에게도 인기있고 세계건강 5대음식으로 선정된 김치에 대하여 전반적인 지식과 실무를 겸비한 전문가를 양성하기 위한 지식교육 전문 프로그램과 자격과정이 없는 실정임.
- 김장문화는 2015년 세계유네스코에 문화유산으로 등록되었으며 한국인들의 문화유산으로 각광받고 있음
- 글로벌시대 한국인의 자랑스런 음식 김치에 대한 산업지식인, 홍보대사 역할을 담당할 김치소믈리에를 육성시키기 위한 전문가 교육과정과 자격증에 대한 필요성이 대두됨.

3. 김치소믈리에 과정 커리큘럼

김치 소믈리에 커리큘럼

1. 김치의 성분 및 특성, 김치소믈리에 자격과 활동, 김치의 유래와 역사
2. 김치의 재료 및 신별, 평가, 관능평가 방법
3. 김치 제조와 성분변화, 젓갈 종류와 맛의 변화
4. 배추김치(김치의 기본원리를 알고 이해)
5. 김치의 종류, 지역별, 계절별 특징
6. 향토지역별, 계절별, 재료별 김치 담그기 실전, 실습
7. 김치 평가능력 실무
8. 김치와 어울리는 우리 음식, 자격검정평가

4. 김치소믈리에 자격검정

1. 김치소믈리에 교육생 배출, 자격증 취득실적

구분	범위	종목	교육생배출	자격증 취득	비고
1	국내	김치소믈리에	• 매년 약 120-150명 배출 • 현재 국내 약 500여명	• 매년 150명 내외 • 현재 800여명	
2	해외	외국인 김치소믈리에	• 매년 약 30명 배출 • 현재 약 200여명	• 매년 30명 내외 • 현재 170여명	중국, 베트남, 러시아, 기타

2. 자격검정 주관기관 안내

WFCC

(사)세계음식문화연구원, www.wfcc.or.kr
T) 02-511-1540, F) 02-511-1576
서울시 강남구신사동 514-15 4층

베트남 요리사들에게 김치교육

대한민국 김치명인 6인의

김치의 세계

2019년 2월 10일 초판 인쇄
2019년 2월 15일 초판 발행

저 자 양향자 · 김미혜 · 전윤자
지영스님 · 한임자 · 김갑례

발행인 주병오 · 주민기

발행처 ㈜지구문화
JIGU CULTURE Co.Ltd

주 소 경기도 파주시 회동길 209
파주출판문화도시
영업팀 (031) 955－7566 · 7577
편집디자인팀 (031) 955－7731
F A X (031) 955－7730
홈페이지 www.ji-gu.co.kr
전자우편 jigupub@hanmail.net

등록번호 1979년 7월 13일 제 9－57호

ISBN 978－89－7006－851－0 값 22,000원